日本一敷居の低い HAPPY! 狭小起業

クラフトビールのお店、はじめました。

We opened a craft beer bar.

How to start a SMALL and HAPPY business with the lowest barriers to entry in Japan

友清 哲

Satoshi Tomokiyo

AKISHOBO

Saison
Pale Ale
8
AI
10
AI
ビビビ。

つくり手の物語を届けたい!!
クラフトビールバー
ビビビ。
ビビビ
オリジナルビール
販売中!!
白樺の樹液
たっぷり!!
国産のレアで
美味しいビール
そろってます!
¥850〜
グラス
パイント
選べます
ビールとの
出会いは
一期一会!
飲むなら今!!
チャージ
なし!!
キャッシュレス
オンリー!!

BEER BEER BEER
JAPANESE
CRAFT
BEER
BAR

Cider
葵
aoi

クラフトビールのお店、はじめました。

みなさんはクラフトビールを飲んだことがありますか？
最近は瓶や缶でもいろんな種類があって、気軽に楽しむことができます。
でも、よかったらぜひ一度、専門のビアバーを訪ねてみてください。
並んだメニューを見て、選択肢の多さに驚かれることでしょう。
そのなかにはきっと、あなた好みのビールがあるはずです。
クラフトビールは、とてもクリエイティブな飲み物です。
一つひとつのビールにつくり手の思いと物語が詰まっています。

2023年、東京・代官山でクラフトビールのバーをはじめました。

わずか8坪の店舗ですが、毎日いろんな人がやってきます。

日本各地のおいしいビールを片手に夜な夜な語らい、

つくり手の物語に思いを寄せながらその味わいに触れる、そんな空間です。

こんな場所をつくることが、50歳を目前に控えた僕の夢でした。

この本は、その夢を実現するために講じた、数々の試行錯誤の記録です。

Contents

第2章 なぜいま、クラフトビールなのか？

第3章

わずか8坪、ゼロからの店舗づくり

第4章

小さな『ビビビ。』の小さな出航

第5章

店舗は生きている。変わりつづけて前へ

第6章

あっという間の1年。僕が『ビビビ。』で得たもの

僕はなぜ49歳でビアバーを開いたのか

2023年9月29日（金）、東京・代官山に小さなビアバーをオープンした。わずか8坪の、入口から奥へ細長く伸びたウナギの寝床のような立ち飲み店で、店名は『ビビビ。』。国産クラフトビールだけを専門に取り扱っているのが特徴だ。ビアタップをずらりと10口備えている。ビアタップというのは、居酒屋やパブなどでよく見かける、生ビールを注ぐ蛇口のようなアレのことだ。

ビアタップは大きな業務用冷蔵庫の前面に、横一列に取り付けた。冷蔵庫内には、15リットルのステンレス樽に入ったクラフトビールを10種類格納。これとは別に、お客さんがすぐ手を伸ばせる場所に小型のショーケース（冷蔵庫）も設置して、瓶や缶で数種類のクラフトビールを並べた。

調理はしないと決めていたからガスは引かなかった。その代わりフードの持ち込みは自由。近隣店舗からテイクアウトしてきたり、Uber Eats を呼んだりするのもＯＫとした。

そして迎えた記念すべき日。オープンの18時になると、すぐにぽつぽつとお客さんが入りはじめた。この1カ月、本当にいろんなことを二の次にして開店準備に明け暮れていたから、感慨深い瞬間だった。

「オープンおめでとう!」

顔見知りのお客さんたちから口々にそう言われ、そのたびに礼を言いながら、この日に合わせて調達したビールで乾杯をくり返す。

そうこうしているうち、たちまち店内は満杯になった。

——と、さも悲願の独立開業を果たした手練れの店主っぽい調子で筆を起こしはじめてみたが、じつは僕の本業は物書きだ。

物書き稼業にもいろいろあるけれど、僕の場合は雑誌や新聞、ウェブメディアなどを中心に活動するフリーライター。編集者の依頼に応じて取材記事やエッセイを寄稿したり、広告などの企業案件をこなしたり、さらには関心のあるテーマを自分で深堀りして本を著したりと、出版業界の周辺でわりと自由気ままにやってきた。フリーランスとして独立したのが1999年1月だから、この本を書いている時点でキャリアは26年目になる。

ただ、フリーライターという肩書きは意外とクセ者だ。

フリーランスなので所属（勤務先）がないし、資格が必要なわけでもないから、名乗りさえすれば誰でもなれる安易な職業だったりもする。実際、インターネット上には自称フリーライターがごまんといる。

僕の場合、法人化せず個人でやることにこだわってきたため、ふだん使っている名刺の肩書欄にも〈編集・執筆〉と書いてあるだけだ。

せめて「医療系専門のライターです」とか、「スポーツライターとして活動しています」などと、ジャンルをはっきり示すことができればもう少し得体が知れるのだろうが、僕はオファーがあれば何でも手を付ける雑食性なので困ってしまう。

そこでここ数年は、ルポライターを名乗ることが増えた。ルポとはルポルタージュのこと。「探訪」を語源とするフランス語（reportage）で、日本では広義で体験ベースの文章表現を表すジャンルとなっている。社会的な批評や主張をおこなうジャーナリズムとは異なり、「こんな場所へ行ってみました」とか、「こんなことをやってみたらこうなりました」といったライトな体験録がルポルタージュだと自分なりに解釈している。

その対象として、僕は長年「酒」の世界を探訪してきた。

日本酒の酒蔵を訪ねてその深い歴史をたどり、ワイナリーに足を運んで醸造家の想いに触れ、ウイスキーの蒸留所をまわってその現在地を知る。
最初はクラフトビールも、そうした取材対象のひとつに過ぎなかった。

さて、『ビビビ。』では9月29日（金）から10月1日（日）までの週末3日間を、グランドオープン期間と銘打っていた。その初日、開店と同時に続々と訪れてくれたのは友人知人が中心で、記念すべきお客様第一号は長らくお世話になっている出版社の編集者だった。

ぶっちゃけてしまえば、少なくともオープン初日の客入りに関しては、じつはあまり心配していなかった。たいした宣伝は何もしていなかったけれど（というより手がまわらなかった）、代官山を含む渋谷区界隈は自分の日頃からの活動圏に近いので、知り合いがそこそこ来てくれるだろうという皮算用があったからだ。

幸いにもそれは現実となり、早々に8坪の狭い店内から人があふれ、一部のお客さんにはグラスを持って店の外で飲んでもらったほどだ。

ごった返す店内を見渡せば、つい数日前に顔を合わせたばかりの仕事仲間もいれば、だいぶご無沙汰だった友人もいる。みんな、黄金色の液体で満たされたグラスを片手にワイワイと盛り上がっていて、ときおり僕もその輪に加わりながら、ビールは会話をともなう酒なのだとあらためて実感させられた。

閉店時刻は23時に設定していたけれど、店内の盛り上がり方を見て躊躇なく延長を決意。仕事や飲み会のあとで駆けつけてくれる友人も多く、日付が変わる0時前になってもまだ客入りが続き、初日の営業は予想を大きく上回る売上げとなった。

結局クローズしたのは深夜2時を過ぎてから。翌日の営業のために最低限の片づけを済ませて店を出たあと、学芸大学にある馴染みのバーに顔を出したのが3時前。腹ペコだったのでピラフをつくってもらい、ウイスキーをやりながらバーテンダーに初日の盛況ぶりを自慢したのをよく覚えている。

なお、営業開始は平日18時、土日祝は15時からと決めていた。閉店はいずれも23時。つまり土日にあたるオープン2日目と3日目は、15時から23時までと少し長めの営業時間になったけれど、やはり多くの友人知人が来てくれて、金曜に劣らず盛況となった。

地域のつながりや本業の人脈があることは、飲食業を営むにあたって何物にも代えがたい武器なのだなと教えられた3日間だった。

ところで、物書きというまったく畑違いの本業がありながら、僕がなぜビアバーを開くにいたったのか疑問に思う人もいるだろう。まして、『ビビビ。』オープンの時点で僕はすでに49歳。けっして夢も希望もある年齢ではないのだ（いや、あるけど）。ライター業がうまくいってなかったわけじゃない。フリーランスだから将来の不安はつねに付きまとうが、むしろ同業者の中ではまあまあ小器用に立ち回ってきたほうだと思う。おとなしくしていれば向こう数年はまだ「書くこと」で食べていけるはずで、限りあるリソースを他のことに費やすのはリスクでしかないともいえる。

それでも、クラフトビール専門店をやるのは、僕にとってここ数年の大きな目標のひとつだった。取材を通して全国のクラフトビールのブルワー（醸造家）たちと触れ合ってきたことが、そのいちばん大きなきっかけだった。

彼らはいったいどんな経緯で醸造の世界に飛び込み、どんな想いでビールを世に送り出しているんだろう。それを知れば知るほど、新しいジャンルに果敢に挑む人間の熱やアイデアに、こちらまでワクワクさせられた。彼らの裏側のストーリーまで含めて〝そのクラフトビールの味わいなのだ〟と体感した僕は、この素晴らしいジャンルをもっと広く伝えたい、そう思うようになっていた。

当初はそれを執筆活動で表現し、全国のクラフトビールのつくり手たちを訪ねてまわったルポルタージュを一冊の本にまとめたり、月刊誌でさまざまなブルワーを取り上げる連載を持ったり、書いて書いて書きまくることでその欲求を満たしていた。

ところがそのうち、「こうしたつくり手の背景を、ビールとセットで提供する店をつくったらおもしろいんじゃないか」というアイデアが頭をもたげるようになる。

これまでビールに限らず、日本酒や焼酎、ワイン、ウイスキーなど、酒の世界を縦横無尽に探訪してきた僕は、つねに「酒はつくり手とその背景を知れば、何倍もおいしくなる」という実体験をそこで重ねてきた。

ちょっと想像してみてほしい。

冷えたビールをジョッキに注ぎ、何も考えずにぐいっと喉《のど》に流し込むのも、それはそれで理屈を超えた極楽なひと時だ。でも、1杯の個性的なビールを目の前にして、「このビールをつくった人はもともとエンジニアで、あの有名な人工衛星のパーツを設計していたんですよ」なんて話を聞いたら、がぜんそのビールの向こうに血の通った登場人物の存在が感じられはしないだろうか。僕が「店」を意識したときに〝やりたい！〟とまず思ったのは後者のような醍醐味を共有できるコミュニティをつくることだった。

——そんなすごい人が、なぜビールをつくってるの？

——いったいどんな人物で、きっかけは何だったの？

――そもそもビールって、自分でつくれちゃうものなの？

これまで雑誌や書籍というメディアを通して「こんなおもしろいつくり手がいるよ！」と書きまくってきたのを、こんどはビアバーという実店舗でお客さんと直接触れ合いながらやってみたいと思ったのが『ビビビ。』の原点であり、コンセプトだ。

そしてもうひとつ、自分の今後の人生についてもあらためて考えてみた。ライターとして自分のキャリアが今後どうなっていくかはわからない。地道に続けていたら突然ポンとベストセラーが出て、左団扇《うちわ》の余生が待っている可能性だってゼロではない。または逆に、徐々にシュリンクして仕事がなくなり困窮した老後を送るはめになるかもしれない。

僕はけっこう楽天的な人間だが、それでも冷静に比較してみれば、後者の可能性のほうが高いことくらい重々承知している。リスクは大きい。歳も歳だ。でもやりたい。だったら、本業で食い扶持を確保しながら、まだ心身とも元気なうちに別の仕事に挑戦していくのはどうか。ひとつところにじっとしていられない質《たち》の自分には、意外にそうしたダブルワークは向いているんじゃないか。そう考えると、将来の可能性が大きく開けた気がした。

いやいや、もしかしたら店を出してもあっという間につぶれてしまい、それなりの負債をいきなり背負うことになるかもしれない。これが最悪の筋書きだ。でも、そのときはそのとき。これまで以上にライター業を頑張って生きていくしかないだろう。

反対に、もしもビアバーを事業として軌道に乗せることができたなら、この先の生活がちょっと楽になるだろうし、なにより人生に楽しいオプションが増える。居心地のいい場所、新しい友人、素敵な出会い、そしておいしいビール。ライターとしての幅もきっと広がるにちがいない。

『ビビビ。』の立ち上げにあたり僕に下心があったとするなら、そんなところだ。

とはいえ、素人がひとりきりでやれることなんてたかが知れている。全方位的に協力者を募る必要があることは、長年出版の現場にいたからよくわかっていた。

そんな想いを頭の片隅に携えながら日常を送るうちに、頼もしい相棒と出会い、店舗の運営をサポートしてくれる仲間たちが集まり、さらにこれまで以上に多くのブルワーと関わるようになった。

本書は50歳を目前に控えたしがない物書きが、人生の後半戦に備えて身を投じたささやかな挑戦のルポルタージュである。ひとりの酒好き、クラフトビール好きとして、同好のみなさんに楽しんでいただけたら、これほどうれしいことはない。

また、この本が「第二の人生でやってみたいことがある」「いつか自分のお店を開きたい」といった夢を心のどこかで温めているような方々の背中をそっと押す存在になれたなら、まさにライター冥利に尽きるというものだ。

第1章

フリーライター
“25”年生の
新しい挑戦

書く仕事に就くためにどうするか

「フリーライターって何をする仕事なの？」

１９９９年の1月に独立して以来、何度となくこの質問を受けてきた。出版業界で生きる者からすれば、ライターなんてそこかしこに生息するありきたりな職業なのだが、世間一般にとってはどうもそうではないらしい。そりゃそうか。

ライター（writer）というくらいだから、もちろん文章を書くのが生業《なりわい》ではある。しかし、どこから依頼を受け、どのようなキャッシュフローで食べている職種なのか、異業種の人には想像しにくいようだ。まずは本書を著しているのがどのような素性の人物なのかを知ってもらう意味で、「フリーライターとはなんぞや？」という基本的な疑問にお答えしたい。

まず僕は、会社に属さない個人事業主（フリーランサー）として執筆活動をしている。

僕に仕事をくれるクライアントは主に、出版社や新聞社、編集プロダクション（出版関係の制作会社）が中心だが、広告案件の場合は広告代理店から仕事を請け負うこともある。また、ここ数年は一般企業から依頼を受けるケースも増えてきた。各企業が独自にＩＲ

(Investor Relations。株主や投資家に向けた広報）や採用強化、ブランディングを目的にウェブメディアを運用するようになっているからだ。

そして次に多いのが、「フリーライターってどうやってなるの？」という質問。これも確かに、決まったルートがあるわけではないのでむずかしい。王道は、出版社や編集プロダクションで何年か働いてスキルを身に付けてから、フリーランスとして独立するパターンだろう。

ちなみに僕の場合は、大学時代から「ゆくゆくはフリーライターになろう」と決めていた。なぜなら、自分の飽きっぽい性格を重々承知していたから。そのときそのときに興味を持った分野にコミットできる仕事でなければ、とても一生続けることなどできないだろうと思ったのだ。では、つねに興味のあることと向き合える職業ってなんだと考えた結果、フリーライター以外に思い当たるものがなかっただけのことである。

将来フリーライターになるのであれば、まずは出版業界入りをめざすのが早道。しかし1974年生まれの僕は、いわゆる「団塊ジュニア」に相当する、非常に人口の多い世代だ。統計的にはひとつ上の73年がもっとも出生数が多く、降りてくる浪人組とも相まって就活戦線はとにかく厳しかった。俗にいう「就職超氷河期」だ。

ひとまず出版業界のどこかに就職して文章作法や編集能力を磨こうにも、これが簡単ではなかった。すでに斜陽産業といわれていたはずなのに、当時の出版社はまだまだ人気業種の極み。バブル後の不況で大手ですら採用枠をほんの数名に絞っていて、そこに1000人、2000人の学生が殺到するという狭すぎる門だった。

大袈裟でなく1年のうち360日を雀荘で過ごしていた腐れ大学生の僕からすれば、有名な出版社など高嶺の花もいいところで、贅沢を言っていると本当に食いっぱぐれてしまう。なにしろギリギリ20世紀の話だから、世間はいまほどフリーターに寛容ではなく、親にも申し訳が立たない。そこでとりあえずは業界を絞らず、死に物狂いで就活に明け暮れた。

編集プロダクションに入社

その結果、卒業見込証明書が発行してもらえないほど単位が取れていなかったのに、わりと面接が得意だったことが奏功して、どうにか4社の内定を確保。僕は熟考したうえで、株式会社小学館プロダクション（現・株式会社小学館集英社プロダクション）という会社にお世話になることを決めた。その名の通り、業界最大手の一角である小学館のグループ会社だから、出版に近い仕事ができるのではないかと期待してのことだ。

入社後に配属されたのはライセンス部という、版権管理をメインとする部署だった。具体的には『ドラえもん』や『名探偵コナン』など、小学館が所有するさまざまなキャラクターの商品化権を取りまわすのが主な業務だ。

たとえばどこかの文具メーカーが「ドラえもんを使ってボールペンをつくりたいのですが」と言ってきたら、原作者側に立って商品のクオリティチェックをしたり、契約まわりの整理をしたり、マネジメント全般を担う代理店的な業務をこなすのが役割だ。ちなみに担当するキャラクターは連載媒体（雑誌）ごとに割り振られ、僕は「少年サンデー」と「ヤングサンデー」、「ビッグコミックスピリッツ」の担当だった。

初めて社会に出る身からすると、これはこれで非常に興味深く、刺激的な日々だったことは間違いない。ちょうどこのころにアニメの放映がスタートした『名探偵コナン』がいまだに絶大な人気なのは驚くばかりだし、当時『らんま1／2』が絶好調だった高橋留美子さんの自宅に仕事でお邪魔する機会を得たときはちょっと感動した。

しかし、なまじ小学館の編集者とセットで動く機会が多かっただけに、書き手として腕を振るいたいという僕の野心は大きくなる一方だった。そこで辛抱たまらず、1年目の冬のボーナスを受け取った時点で、僕は退職を決意した。当時は極めてネガティブな言葉でしかなかった「第二新卒」になったわけだ。

あの超就職難の時代に次の仕事も決めずに退職して、よく路頭に迷わなかったなと、いま思えばヒヤヒヤものだ。その後、たまたま拾ってもらえた新宿の編プロで1年ほど修業を積んだあと、僕は99年の初頭からついにフリーライターの看板を掲げた。24歳だった。

焼酎の取材で扉が開いた酒への道

そんなこんなで2年、3年とどうにか食いつないでいた僕だが、その後のキャリアを左右するひとつの転機になったのが、ある編プロを介して舞い込んだ「日経おとなのＯＦＦ」という雑誌からの依頼だ。広告がらみで大規模な焼酎特集をやるので、取材と執筆を担当してほしいというオーダーだった。

当時は第三次焼酎ブームの真っ只中。日本酒やワインとちがって糖質が0で、おまけに血糖値の上昇を抑えたり、血栓を溶かしたり、多くの健康効果が認められたことで老若男女がこぞって焼酎を嗜《たしな》みはじめたのだ。

焼酎といえば、なんといっても本場は九州。編集部から「めぼしい焼酎メーカーを片っ端から取材せよ」との指令を受けて、僕は九州各地へ乗り込むことになった。

この時点で僕は、酒に関してはズブの素人。幸い、体質的にアルコールには強いほうで、人より量を飲むことはできたけれど、知識はもちろん味の良し悪しだってよくわかっていない完全なる門外漢だ。だからこそ、この仕事では多くの新鮮な衝撃を受けた。

第一に、九州の山奥にある蒸留所を訪れるのは冒険的で楽しかったし、巨大な蒸留器や林立する貯蔵タンクは風景として物珍しかった。

いくつかの蒸留所では、蒸留したばかりの原酒をテイスティングさせてくれた。加水前なのでアルコールが40度以上あるものばかりだったが、そのぶん原料の香りが強く漂っていて、どれも脳天に響く美味だった。とりわけ感動したのは麦焼酎の原酒で、麦チョコのような香ばしさがいまでも印象深い。

焼酎の4大原料は芋、麦、米、黒糖。同じ無色透明な液体でも、原料によってまったく味や香りが異なるという当たり前のことを、僕はこのとき身をもって学んだ。

焼酎特集の仕事が手離れしたあとも関心は止まず、鹿児島料理店や焼酎バーに通い詰め、焼酎の世界を積極的に深掘りしつづけた。ちょうどこの時期、横浜市の郊外から世田谷区の三軒茶屋に引っ越したことも、呑んべえライフに拍車をかけた。

全国の酒蔵とつながる仕事で開眼

１９９０年代後半には地ビールが勃興した。味うんぬんよりも、大手の製品とはまたちがった土地ごとの名物ビールとして目を引いた。

一方、２０００年以降に火が付いた焼酎ブームが落ち着いてくると、こんどは日本酒の出番だ。08年には11年ぶりに日本酒の輸出量が過去最高水準に達し、フルーティーな吟醸酒を中心に人気が拡大した。

こうしたブームにいち早く影響を受けるのがフリーライターという仕事だ。日本酒の人気に目をつけた各メディアから、「利き酒特集をやろう」「日本酒の名店をたくさん集めてほしい」などといった依頼が急増。憧れのグルメ雑誌「dancyu」から初めて依頼をもらったのも、このころだったと記憶している。

ちなみに、学生時代から化学が大の苦手科目だった僕だが、こうして酒に関連する仕事が増えてくると、もはや避けては通れなくなった。取材に出向けばイヤでも「微生物の働き」や「発酵とは何か」といった化学の壁がドーンと立ちはだかるのだ。

しかし不思議なもので、酒への純粋な興味のおかげでドーパミンが大量分泌するのか、むしろ積極的に知識を貪ろうとする自分がいた。そもそも「発酵」と「腐敗」が化学的には同じ現象であるという基礎的な事実も、その過程で初めて学んだ（人間が自分の都合で虫を「害虫」と「益虫」に分類しているのに似ている）。

そのうち、周囲の編集者のあいだで〝酒といえば友清《ともきよ》〟といった認識が少しずつ定着していき、さらに酒絡みの仕事が増える好循環が生まれた。

初めて酒をテーマに本を書いたのは2013年。ブームもすっかり定着していた日本酒について、「初心者向けに、いまさら聞けない酒のいろはをレクチャーする内容で」というのが出版社のオーダーだった。

ただ困ったことに、広告収入が見込める雑誌とちがい、書籍の企画なので予算がない。全国の酒蔵を片っ端からまわってルポルタージュできれば僕としては最高だったのだが、それが許される状況ではなかった。

北から南まで地域ごとにさまざまな酒があるのが日本酒のおもしろさなのに、そのバリエーションに触れられないのはもったいない。いかに低コストで日本酒の奥深さを表現するか、節約法をひねり出さなければならなかった。

頭を悩ませた結果、日本酒をメインに手掛ける大手酒販店の協力を得て、倉庫でめぼしい銘柄を片っ端から撮影させてもらうことにした。これなら全国から商品を調達する膨大な手間が省け、人件費も抑えられる。

また、撮影コストについても一計を案じた。カメラマンの報酬は通常、1現場でいくら、もしくは1カットごとにいくら、と計算することが多い。しかしこの企画では大量の写真を掲載する予定だったので、そうした従量制ではとても予算内に収まらない。

そこで日頃からよく一緒に酒を飲んでいたカメラマンに相談し、ふたりでユニットを組む奇策を提案した。どういうことかというと、今回の本は「著者・友清哲」として刊行するのではなく、ふたり組の著者として出版しようというアイデアだ（藤子不二雄やゆでたまごの形式）。つまり、カメラマンには撮影してもらった量に応じて報酬を支払うやり方をせず、著者印税を折半する形にしたわけだ。

そんな知恵と工夫の結晶として仕上がったのが、宝島社から刊行された『日本酒がおいしいと思いはじめたら、まず読む本。』。著者に相当する「大人の粋酔倶楽部」なるユニット名は、タイトルと一緒に担当編集者が名づけてくれたもので、この本が売れた。

大手コンビニが乗ってきたことで大量の流通が実現し、びっくりするような部数の重版がかかった。印税契約にしたカメラマンは通常よりかなり得をしたはずだ。

僕としても、この仕事で日本酒業界にネットワークがつくれたのは大きな財産だった。醸造酒への理解もさらに深まり、酒への見方がもう一段階上がった。

日本酒からクラフトビールへ

こうして酒のことばかり書いてはいるが、食い扶持としては他のジャンルが中心で、酒関連はまだまだ趣味の範疇に近いのが当時の実情だった。

むしろ30代のうちは、専門分野を絞ることで仕事量が制限されてしまうことを恐れ、何でもやるコンビニエントな書き手でいることにこだわっていた。だからビジネス誌もやれば文芸誌もやるし、何ならオカルトめいたジャンルすら熱心にやっていた。

その成果の一端として、２０１２年刊行の『怪しい噂 体験ルポ』（宝島社）という著書がある。タイトルの通り、全国各地にある不思議スポットを取材して回ったルポルタージュだ（現在『日本の奇譚を旅する』という書名で電子書籍になっている）。

ある日、この本を目にとめた編集者からこんな依頼が舞い込んだ。

「この『怪しい噂 体験ルポ』の日本酒版をやりませんか？　全国の気になる酒蔵をレポートしてほしいんです」

なるほど。たしかに、ひとつのテーマを自分視点で切り取りながら各地を巡るフォーマットは、酒の分野と相性が良さそうだ。日本酒人気はまだまだ続いているし、これまでの雑誌仕事で取材してきたストックもある。日本酒に関する過去のアセットを整理して再利用できるという意味でも、これは有意義かもしれない。

全国の酒蔵の中から物語がありそうなところをピックアップする作業は楽しく、取材も順調に進んだ。そして無事、16年の春に発売されたのが『物語で知る日本酒と酒蔵』(イースト・プレス)という本だ。蔵や蔵人の背景や酒づくりへの想いを、それぞれ個別にまとめている。

僕がこの本でいちばんこだわったのは、「北海道から沖縄まで」と謳《うた》うことだった。日本酒といえば寒冷地の米どころが中心、というイメージが強いけれど、じつは九州南部や沖縄県にも酒蔵はある。冷蔵技術が発達する以前は、高知県あたりが日本酒づくりの南限だったと聞くが、戦後に沖縄でも日本酒がつくられるようになったことは、ちょっとしたトリビアだろう。

制作の佳境、出揃った最終ゲラ(試し刷り)を編集部でチェックしながら、しっかり沖縄の酒蔵まで取材できたことに僕は大きな満足感を覚えた。

そして、自分でも意外だったのだが、かたわらにいた編集者に向かって不用意にこんな言葉を投げかけていた。

「――本当は、これのクラフトビール版をやりたいんだよね」

突拍子もない与太発言のようだけど、実際にはそうでもなかった。

じつは、この『物語で知る日本酒と酒蔵』を書くために酒蔵取材を続けていた時期に、ちょっとした出会いがあったからだ。

すべてが衝撃的だったミヤタビール

それは知人に連れていかれた、とある小さなビール屋だった。

東京スカイツリーの足もとに、1週間のうち金土日の3日間しか営業していない店があると聞き、そのレア感に興味を持ったのがすべてのはじまり。しかも醸造所を併設していて、月曜から木曜までを醸造作業に費やし、週末にそこでつくられたビールを売るスタイルなのだという。

このとき、僕の興味が「出来たてのフレッシュなビールが飲めるんだ！」ではなく、「そんなおもしろい商売があるのか！」だったことは、ひとつのポイントかもしれない。

地価の高い東京で、なぜ週末しか営業しない飲食店の経営が成立するのか。そして、そんな商売を実践しているのは、いったいどんな人物なのか。がぜん興味が湧いた。それが墨田区の押上《おしあげ》にあるミヤタビールである。

ミヤタビールはけっして大きな店舗ではなく、かつてはラーメン屋だったというテナントで営業していた。シンプルなカウンターの向こうに、朴訥《ぼくとつ》とした坊主頭のお兄さんが立っている。その背中越しに醸造タンクが並ぶ小さなビール工房が見えた。その場でつくったビールをその場で飲めるというのは、やはり酒飲みにとってなんともいえない楽しさと特別感があり、心が踊った。

しかし、この日は店内が混雑していたこともあり、ビールをプラカップに注いでもらってすぐに退散。知人とそれを飲みながら、予約していた居酒屋までぶらぶらと歩いた。

この体験が、じつに新鮮だった。いつもならまっすぐ居酒屋へ向かい、「とりあえずビール」とやるところ、その「とりあえずビール」を歩きながら済ませているのだ。それも、その場所でつくられた特別なビールで。このとき飲んだビールの種類は覚えていないが、とてもクリアな酒質で、抜群においしかったことだけは強く印象に残っている。

かつて話題になった地ビールが「クラフトビール」と名を変えて再興しはじめているのは知っていたが、ミヤタビールと出会ったことによって、その解像度が一気に高まる感覚をおぼえた。

この日を境に、酒飲みとしても物書きとしても、クラフトビールが猛烈な興味の対象となった。あの朴訥としたお兄さんは、一体どういう経緯でこういう商売をやるようになったのだろうか。同じ自営業でも、フリーライターである自分とは異なる生き方、稼ぎ方がそこにはあるはずだ。僕はミヤタビールへの関心を止められなくなっていた。

つまり、思わずこぼれ出た「クラフトビールの本を書きたい」という言葉も、「いつかミヤタビールをちゃんと取材してみたい」と、心の隅でずっと考えていたからこそ。

すると、むこうでこのやり取りを聞いていた編集長が、すぐに立ち上がって言った。

「いいですね、それ！　クラフトビールはいま流行っているし、すぐに取り掛かってください。ビールの企画だし、夏に間に合わせましょうよ」

事が進むときというのはこんなもの。次の著作がその場で決定した。

ただ、『物語で知る日本酒と酒蔵』ではそれまでの蓄積がある程度使えたが、こんどは完全にゼロベースからのスタートとなる。まずはビールについての基礎知識を学ばなければならないし、ミヤタビールのようなスタイルの醸造所が、全国にどのくらいあるのかも調べる必要がある。

実際にリサーチを開始したのが２０１６年４月のこと。今回も「北海道から沖縄まで」を意識して取材リストをつくり、２カ月ほどかけて取材に飛ぶことにした。

規制緩和とビールの変遷

非常に身近な存在でありながら、意外と理解していなかったビールの世界。灯台下暗しで、ビール党を自認する人でも案外そんなものなのではないかと思う。

あらためて整理しておくと、ビールは大麦を主原料とする〝醸造酒〟である。大麦を発芽させた麦芽《モルト》に水を加え、酵母によって発酵させたもので、日本での市場は長らくキリンビール、アサヒビール、サッポロビール、サントリーの大手4社による寡占状態だった。

なぜそんな業界構造になっていたのかというと、ビールの醸造にはそれまで、年間2000キロリットルを最低製造量とする縛りがあったからだ。2000キロリットルとは、大瓶に換算すると約316万本というとてつもない量で、これは毎日9000本以上売ってどうにかクリアできるレベルの数字。おのずと、巨大な流通網を持つ大手だけが扱える商品にならざるを得なかったわけだ。

しかし1994年の酒税法改正で最低製造量の縛りが年間60キロリットルへと大幅に緩和されたことから、小規模醸造所《マイクロブルワリー》の参入が実現。ここに飛びついたのが、新たな名産を求める全国の自治体や観光業者だった。

その土地オリジナルのビールがあれば、観光面でも産業面でも大きな売りになるだろうとの目論見から、各地に地ビールが誕生する。マイクロブルワリーの数は瞬く間に300を突破。これが90年代後半から始まった地ビールブームの正体だ。

ただし、門外漢がいきなりおいしいビールをつくれるほど醸造は簡単ではない。事業設計も甘く、多額の投資をしてブルワリーを建てたものの、薄利多売を余儀なくされる地ビールでは採算が合わず、倒産する企業が続出した。結局、地ビールブームは10年ほどで一気にシュリンクすることになり、僕はこれを「淘汰の10年」と呼んでいる。

しかし、味噌や醤油と共に生きてきた日本人は本来、発酵を得意とする民族であるはずだ。淘汰の10年の最中も、腕の確かなブルワーはちゃんと存在していて、ブーム終焉後も雌伏の時期を静かにサバイブし、小さな市場を守りつづけていた。

彼らが地道に技術を磨き、うまいビールをつくりつづけてきたのを土台として、やがて地ビールは「クラフトビール」と名を変え、息を吹き返した。僕がミヤタビールに出会い、クラフトビールを強烈に意識した2015年前後というのは、まさにその〝第二次〟ブームが盛り上がってきた時期だった。

こうした背景をあれこれを調べていたタイミングで、ある媒体からクラフトビールの特集記事の執筆を依頼された。これもちょっとしたシンクロニシティ（意味のある偶然）だったかもしれない。

媒体側の手引きで僕は、日本ビアジャーナリスト協会の副代表を務める女性に取材させてもらうことになり、そこでさらなるクラフトビールのいろはを学ばせてもらった。のちの章でも少し触れるが、僕が数年後に小商いを始めるにあたって、この女性がわりと重要な登場人物となるのだから、つくづく縁というのはおもしろい。

『日本クラフトビール紀行』執筆という転機

クラフトビール本の執筆が決まると、僕をこの世界に引き込むきっかけとなった押上のミヤタビールに、いの一番に取材を申し込んだ。

約束の日時にミヤタビールを訪ねると、店主の宮田昭彦さんが過去の僕の著作をカウンターの上にどーんと積み上げて待っていた。なんでも宮田さんは大学時代に探検部に所属していたそうで、『怪しい噂 体験ルポ』のような本が大好物なのだという。

そんな物書き冥利に尽きる出会い頭だったこともあり、取材もスムーズなことこの上なし。墨田区の街なかで小さな醸造所を営むことになった宮田さんの半生は、僕の思っていた以上に興味深いものだった。

もともと光学機器メーカーに勤めていた宮田さんだったが、酒への関心が高じて週末に近所のバーで働きはじめたのがすべての発端。店舗の裏方に関わることで業界にネットワークが生まれ、そのうちマイクロブルワリーという業態を知ったことから、「自分でもやってみたい」と思い立って脱サラ・起業を決意したという。

その後、物件探しに奔走しつつ、栃木県のブルワーのもとで醸造修業を積んで、晴れてミヤタビールをオープンしたのが2014年の春。

そこでなぜ、週末だけ営業するスタイルを採ったのか？

「最初はもう少し営業できるかと思っていたのですが、いざやってみると意外と仕込みに時間がかかることがわかり、やむを得ずこういう形になりました。でも、自分は飲食店をやりたかったのではなく、あくまでビールがつくりたかったので、このペースには満足しています」

そう、ミヤタビールはビアバーではなくあくまで醸造所《ブルワリー》なのだ。つまり、ビアバーとしては週末3日間しか売上げが立たなくても、つくったビールを他の飲食店に卸したり、ビアフェスなどのイベントで売ったりすれば、経営は成り立つ。やっぱり小商いの形として非常に興味深い。

こうした数々のマイクロブルワリーの事例を北から南まで渉猟し、晴れて2016年の7月に発売になったのが『日本クラフトビール紀行』(イースト・プレス)だ。僕にとってビールを題材にした初の著作で、物書きとしてあらたなジャンルを切り拓いた達成感にしばし浸った。

この本では全国16の醸造所を取り上げていて、それぞれの成り立ちや背景、そしてそこに潜む物語をまとめている。わずか2カ月という短期集中的な取材ではあったが、出会えたのはいずれも個性豊かなブルワーばかり。宮田さんのように脱サラした元会社員もいれば、酒販店や飲食店など他業種から参戦した企業もあり、あらためてつくり手に着目するおもしろさを実感した。

これは、その後のキャリアにおいても重要な気づきとなった。『物語で知る日本酒と酒蔵』『日本クラフトビール紀行』の2作の執筆を通して、「酒はつくり手とその背景を知れば何倍もおいしくなる」というモットーが、自分の中で静かに醸成されていったからだ。

ある日突然、バーのオーナーになる

こうして仕事で酒と向き合う機会が増えるのと歩調を合わせるように、プライベートで嗜む酒量もまた、激増していった。

仕事では主に日本酒やビールについて書いていたけれど、飲むほうはワインでもウイスキーでも何でもござれ。全方位的に酒の世界を楽しむなかで、次第に増幅していったのがバーという空間への関心だった。

バーにもいろいろあるが、僕がハマったのはいわゆるオーセンティックバーだ。オーセンティックとは「本物の」とか「正真正銘の」といった意味合いで、カジュアルなパブなどとちがい、シックな空間に正装のバーテンダーが立つ昔ながらのちょっとラグジュアリーな雰囲気がオーセンティックバーにはある。

単純に、大人びた空間演出が格好よくてしびれたし、バーテンダーが酒のコンシェルジュよろしく深淵な知識をもって接客してくれるのも好きだった。おのずと夜な夜な、酒を味わいながらバーテンダーとの対話を楽しむようになり、カウンター越しに教わったウイスキーやカクテルについての知識は仕事面でも大いに役に立った。

また、同じカクテルでもバーテンダーによって異なる個性が表れることを知ると、全国各地でいろんなバーを巡るようにもなった。休肝日が消滅したのはよくないことかもしれないけれど、それ以上にそこで聞ける話や出会える人々との縁は、フリーライターとして重要な肥やしになった。

そんななか、2011年あたりからよく出入りするようになったのが、世田谷区の三《み》宿《しゅく》エリアにある「デュランバー」というバーだった。

照明を落としたシックな空間。そこかしこに施されたLEDの装飾。空間を贅沢に使い、ゆったりと配されたカウンター席とソファ席。ガラス張りの冷蔵庫には色とりどりの果物が用意されていて、フルーツカクテルを求める客にはそこから好きなものを選んでもらい、その人の好みに合ったテイストをそのつどアレンジするという、非常に小洒落たことをやるバーだった。

そんなラグジュアリーな装いとは対照的に、店主であるマツムラというバーテンダーがじつにダメな人間で（愛されキャラともいう）、そのギャップにやられた。

僕よりふたつ歳上のマツムラは、その半生がまたおもしろい。故郷・山梨の高校を卒業したあと、サーフィン目当てでオーストラリアに飛び、そのまま現地のあやしい店でボーイの仕事を得て4年ほど遊ぶように暮らしていたという。

お客さんから多額のチップをもらうこともあり、羽振りのいい暮らしをしていたようだが、最後は寝タバコでアパートを焼き、逃げるように帰国。その後はもっぱら彼女のヒモ生活で、何か仕事をとバーテンダースクールに通いはじめたのが、この世界に入ったきっかけだった。なお、オーストラリアに4年もいたのに、彼は英語をいっさい話せない。

そして赤坂のバーで10年ほど修業し、仲間とふたりで始めるはずだったこのデュランバー。ところが、その相棒はマツムラの酒癖の悪さに音を上げて、開店前に逃げ出してしまう。

おかげで広めの店舗をワンオペで切り盛りするはめになって6年。ときに、うまい話に騙されて店を乗っ取られそうになったり、オーストラリアで火事の後始末を押しつけられた先輩が十数年ぶりに乗り込んできたり、こういう話をめちゃくちゃカッコいい空間で夜な夜な聞かされるものだから、とにかく飽きないのだ。やはり自虐ネタは強い。

気がつけば僕は、週の半分以上をこのデュランバーで過ごす大常連になっていた。

デュランバーはけっして繁盛していたわけではなく、マツムラがヒモ状態なので、生活コストがほぼかかっていないおかげで、どうにか続けられている状況だった。

そこでいつしか、「どうすればもっと客が来るか」「どうすればよりイケてる店になるか」

と、僕とマツムラのふたりで深夜会議がおこなわれるようになる。

彼のいいところは、素人である僕の意見にも聞く耳を持っている点で、「マティーニはありきたりのカクテルグラスではなく、こっちの細長いグラスで出したほうが個性的で映えるんじゃない？」とか、「このあたりは意外と昼間の人通りが多いから、営業時間をもっと早めてみたら？」など、僕のささいなアイデアはすべて受け入れられ、実現した。

こうなると僕も楽しくなってきて、仲間内の飲み会や仕事の会食をデュランバーに誘致するなど、積極的に売上げアップに貢献するようになっていった。買い支えようとしていた、と言ったほうが的確だろう。


それでも赤字は赤字。出会って1年ほどしたある夜、マツムラが神妙な顔で「いよいよ経営がやばい」と僕に打ち明けた。なんでも開店の際に2000万円を借り入れているらしく、返済が滞りまくっているという。

毎月の家賃が約24万円。光熱費が毎月5〜7万円。酒や氷の仕入れ、さらにおしぼり、玄関マットなどのメンテナンス代が10〜20万円。さらに初期投資の返済費が毎月十数万円あるから、月に60万円を売り上げたとしてもトントンだ。

しかし、当時の月の売上げは下手をすると20〜30万円ということもあり、火の車どころの騒ぎではない。彼女に金の無心をするのも、とっくに限界を越えている。そこへ来てテナントの更新が迫っており、まもなく家賃2カ月分の更新料が必要で、このままでは来月にも店を畳まなければならない状況だという。

そこで彼は意を決したように、「(この店を) 一緒にやってもらえませんか」と僕に言い出した。オーナーになってくれ、というのである。

突然のことで驚きはしたが、これはおもしろい提案ではあった。

というのも僕自身、以前から自分のバーを持ちたいという思いが少なからずあったからだ。実際に友人と共同でバーを出す計画を練り、物件を探したり、専門家にアドバイスを求めたりしたこともある。

しかし、ライターとしての本業を守ろうと思えば、自分で店に立つことはできないし、そのスキルもない。つまり一定の人件費負担は不可欠で、結局、どうシミュレーションしても月々10～20万円ほどの赤字を覚悟しなければならず、計画はそのうち霧散した。

それに比べれば、すでに立派な箱 (店舗) があり、常駐する人材 (マツムラ) もいるのは前提として悪くない。しかし、経営的には泥舟だ。生半可に手を出せば痛い目にあうのは必定。

それでもこの話に乗ったのは、リスクを補って余りあるメリットを感じたからだった。

大事なことはバーで決まる

僕のジョインが決まると、その下準備としてマツムラは債務整理に取りかかった。さすがにいまの売上げ状況で毎月十数万円の返済は重すぎる。そこで法テラス（日本司法支援センター）を使って弁護士のサポートを受け、債務救済の道を模索。結果、月々の返済額を5万円にまで圧縮することができた。

また、マツムラがよくわからずに契約していた通信サービスを解約したり、定期的に入れていた清掃サービスを自前でやることにしたり、できるだけ出血を抑えた状態で、僕はいくらかの金を出資してデュランバーの経営者になった。この際の金額は交わした契約書の取り決めにより明かせないことになっているのだけれど、一から自分で店を立ち上げた場合のだいたい10分の1程度だ。

とはいえ、デュランバーの風景はそれまでと何も変わらない。引きつづきマツムラがカウンターに立ってシェイカーを振っているし、開店から閉店までのオペレーションは完全に彼まかせ。僕も以前と同様、カウンターに座って飲んでいるだけだ。

それでもバーを始めたとＳＮＳで告知すると、出版関係者はもちろん、友人知人がこぞって反応してくれた。一介のフリーライターが突然バーのオーナーになったのがおもしろかったようで、「実業家デビューおめでとう」と言われたときは、「なるほど、そう見えるのか」と思ったが、実際は極めて気楽な立場だった。

僕の役割は、経営や企画、プロモーション、集客あたりが中心で、これをいわゆる〝場の編集〟と捉えれば、本業からさほどかけ離れたものではないように思えた。

こうしてサロン使いできる空間が近所にあるのは、ライターとしての活動においても非常に便利だった。打ち合わせと称して夜な夜な店を訪ねてくれる取引先は跡を絶たなかったし、取材場所として開店前に店内を利用することもできた。

また、僕がオーナーシップを持ったことで、デュランバーがマスコミ業界との接点を得た効果もさまざまな形で表れた。当時、小説家の石田衣良《いら》さんと一緒にやっていた連載の収録は毎月店でおこなっていたし、懇意の出版社からのオファーで、女優の長谷川京子さんに1日店長をやってもらったときには、在京の全TV局が取材に来た。長澤まさみさんの写真集にも、じつはデュランバーで撮られたカットがある。

さらに、場所があるからこそつながった縁は数知れない。たまたま知人が連れてきた人と、のちに重要な取り引きが生まれるケースはもちろん、取材現場でお会いした方と一期一会で終わらず、「今度お店にお邪魔しますね」と言ってもらえ、長いお付き合いになるパターンも多かった。人脈命のフリーランスにとって、これはとてつもないメリットだ。

そして何より、『日本クラフトビール紀行』を書き終えたあとも、クラフトビールとの縁が切れることなくいられたのも、デュランバーという場所があればこそだった。

赤字に次ぐ赤字。でもやってよかった理由

『日本クラフトビール紀行』の取材を通して、ブルワーという人種のおもしろさにいっそう強く惹かれるようになった僕だったが、いったい何がそんなにおもしろかったのか。

ひとつ挙げるとするなら、クラフトビールは産業としてまだ新しいため、たいていのブルワーが別の前職を持っていることだ。たとえば、聞けばびっくりするような高給取りだったにもかかわらず、思うところあって独立起業に至った人も多く、その〝思うところ〟の背景をほじくれば、例外なく興味深い物語が顔をのぞかせた。

そうした物語をもっともっと貪りたくて、ときおりウェブメディアなどの単発仕事でその欲求を解消していたけれど、食い足りなさは残った。そこで、懇意にしていた「月刊サイゾー」の編集長がデュランバーに来たときに「1ページでも2分の1ページでもいいいか

ら、連載枠をひとつくれない？」と直談判を試みた。

「べつにいいけど、いったい何をやるつもりなの？」

「クラフトビールのつくり手を毎月取り上げるコラムをやりたいんだよね」

「クラフトビールか。流行っているし、悪くないね」

「でしょ？　ブルワーってとにかく変わり者ばかりだから、サイゾーっぽいまとめでやれる気がするんだよ」

　酒の力に後押しされてか、話は意外とトントン拍子。さらにじゃんじゃん酒を飲ませながら口八丁で口説きつづけたところ、次第に編集長がその気になり、ついにはみずから連載タイトルを考えはじめた。

「じゃあ、タイトルは『ビールの変人』でどうだろう」

「それはさすがに失礼すぎて取材オファーがしにくいな」

「でも、ブルワーというのは奇人変人ばかりなんでしょ？」

「とはいえ、せめて『ビールの怪人』くらいに和らげたい」

「あんま変わらない気がするけど、まあいいや。それでいこう」

　かくして、2018年7月号から「友清哲の『ビールの怪人』」という冠連載がスタートした。ビールが題材ということで夏に間に合わせた形で、初回に編集長が立てたコンセプトは、「奇人・変人・怪人に肉薄する、クラフトビールの紳士録」だった。結局、まあまあ失礼なことを言っているのはご愛嬌である。

この連載を口実に、僕はふたたび全国のブルワーに会いにいくことになる。記念すべき第1回に登場願ったのは、青森県弘前市で「Be Easy Brewing」というマイクロブルワリーを営んでいる、ギャレス・バーンズというアメリカ人だった。

ギャレスさんの前職はなんと軍人。それも空軍の爆弾処理班だ。三沢基地勤務時代に津軽の文化にハマり、退役後も青森に残って英会話教師の職に就いたという変わり種である。生来の明るさとイケメンフェイスに加え、津軽三味線にのめり込んで腕を上げたことから、青森のローカル番組でレギュラーコーナーを持つ人気者にまでなった。そして彼は、ある日クラフトビールのおいしさを知り、苦心の末にみずからマイクロブルワリーを立ち上げることになる。

そんな内容の初回原稿を編集長に送ったところ、開口一番こんなレスが返ってきた。

「めちゃくちゃおもしろいけど……、いきなりこんな人でやって大丈夫なの!?」

翌月以降もこういうレベルのネタがあるのか、と言いたかったようだが、結果的にこの連載は、その後4年間も続くことになる。

そんな感じで本業へのさまざまなリターンはあったものの、デュランバーの経営状況は相変わらず芳しいものではなかった。以前より売上げを伸ばしてはいたが、最低ラインと考えていた月額60万円には届いたり届かなかったりの微妙な状況。ようやく60万円の壁を突破しても、経費がかさんで利益が出ないことも多く、やはり水商売は甘くないなと痛感させられた。

それでもせっかくこうしてオーナーに収まったからには、売上げを立てなければならない。そこで、あの手この手で酒に絡めたイベントをたびたび催した。

たとえば「冷蔵庫の中で持て余してる酒を持ち寄る会」とか「旅行ライター◯◯がオススメする日本酒の会」など、仲間の手を借りながら不定期におこなう企画はどれも楽しく、毎回盛り上がった。

取材で知り合ったブルワーのビールを提供するようなイベントもやった。デュランバーにはサントリーのビアサーバーが設置されていて、ふだんはプレミアム・モルツの樽がつながっているのだけれど、これをこっそり外して期間限定で僕が調達したクラフトビールにつなぎ替えたのだ（サントリーの営業マンにバレたら、たぶん猛烈にイヤな顔をされる）。

デュランバーはカクテルやウイスキーがメインの店だから、ビールを飲む人はほとんどいないのだが、「ミヤタビールのビールが1樽限定でつながりますよ！」とＳＮＳで告知すると、ものの2日ほどで10リットルの樽が空いた。この反響には僕もちょっと驚いた。

引きつづきいくつかのブルワリーの銘柄をつないで同様の企画を催したところ、やはり成果は上々で、僕はクラフトビールが一定の引きになることを実感した。街にも少しずつクラフトビール専門のビアバーが増えはじめていて、この市場のポテンシャルがいよいよ花開こうとしているのかもしれないと、ひそかに期待も寄せていた。

他方、ブルワーの側からすれば、ライターとして現れた僕がこうして販路になるのはおもしろかったようで、これまでの〝書き手と取材対象者〟という距離感から、より近しい関係性に踏み込むことができた気がしたものだ。

僕はこのあと、都合10年にわたってデュランバーの経営に携わることになるが、トータルの収支は大きく赤字。でもそれは数字上の問題でしかなかった。僕にとってはそのコストも、自分の仕事に必要な場所を維持する経費だと考えれば、むしろ有意義なものだったからだ。

第2章

なぜいま、
クラフトビールなのか？

「クラフトビール」ってなに？

ここ数年、クラフトビールという言葉の浸透を多くの人が肌身で感じているのではないだろうか。街にクラフトビールを扱う飲食店が増えたのはもちろん、スーパーやコンビニの店頭でも存在感を発揮しているし、大資本のキリンビールまでが参入してきた。

でも、大多数の人は「クラフトビールってなに？」という問いに、即答することはできないはずだ。それも当然。これだけ市民権を得た言葉でありながら、じつはクラフトビールには明確な定義がないのだから。

クラフトとは「craft」、直訳すれば「手技」となることから、「手工芸品のように職人が手づくりしたビール」というのが正解に近いだろう。これまでは「小規模に醸造されたビール」でもよかったけれど、最近は大手の参入によって、そうともいえなくなった。

要するにクラフトビールとは、特定の種類を指す言葉ではなく、ビール産業の中のひとつのカルチャーを意味するもの、といえば少し真相に迫れるように思う。

かつて地ビールと呼ばれたものが、こうした〝今っぽい〟言葉に置き換えられたのも時代の流れ。ほかの酒類に目を移してみれば、クラフトジンブームの勃興が記憶に新しいし、クラフトウイスキーやクラフトSAKEなんていうジャンル名も一部で使われている。令和の人々は「クラフト」という言葉が大好きだ。

現代のクラフトビールと、日本で長く親しまれてきたビールに重要なちがいがあるとすれば、それは前者が「エールビール」中心であることだ。

ここでは要点のみに留めるが、ビールの分類は大まかにラガー酵母で醸《かも》したラガービールと、エール酵母で醸したエールビールのふた通りに分かれる。それぞれにさまざまなスタイル（種類）が紐づいていて、たとえば居酒屋で「とりあえずビール」と頼んで出てくるのは、ラガービールに属する「ピルスナー」という種類のビールである。ピルスナーは19世紀にチェコで生まれた淡い黄金色のビールで、キレのある喉越《のど》しとホップの苦みが特徴だ。

ラガー酵母とエール酵母には、それぞれ特徴がある。

ラガー酵母は発酵の際に醸造タンクの下のほうへと沈んでいき、比較的低めの温度帯（5〜10度前後）で活性化。雑味のないクリアなビールに仕上がる性質がある。

一方のエール酵母は発酵の際に醸造タンクの上のほうへ浮かんできて、20度前後の温度帯で活性化。フルーティーな香りや芳醇な味わいを表現するのに向いている。

日本の市場のように、ビールといえば無条件にピルスナーという状況は、世界的にはやや特殊だ。なぜなら、ビールにはピルスナーだけでなく180種類以上のスタイルが存在するといわれているからだ。

より種類が豊富なのはエールビールのほうで、昨今、耳に馴染みつつある「ペールエール」や「IPA《インディア・ペール・エール》」「ヴァイツェン」「スタウト」といったスタイルは、どれもエールビールに属している。ひとまずこの4種類だけでもなんとなく覚えておけば、クラフトビールに対する解像度がぐっと上がるはずだ。店でオーダーする際も選びやすくなると思う。

なお、スタイルによって、味や風味、色味などに明確なちがいがある。

ペールエールはホップの苦味やモルトのコクを活かした淡い色《ペール》のビール。IPAは、ペールエールよりもホップを大量に用いて香りや苦味を増したスタイルだ。そしてヴァイツェンは小麦を原料に使った苦味の少ない白ビールで（実際には白ではなく淡い黄金色のものも多いが）、スタウトは焙煎した麦芽を使った濃厚で香ばしい黒ビールのことである。

ほかにも、軽快で爽やかな飲み口の「ゴールデンエール」や、フルーティーな風味で人気が高い「セゾン」、オレンジピール由来の柑橘香が漂う「ベルジャンホワイト」など多種多様なビールが存在している。

クラフトビールのおもしろさは、まさにこの豊かなバリエーションにある。

これまでビール（ピルスナー系）が苦手だった人でも、いろいろなクラフトビールを試してみればきっと自分の口に合うスタイルが見つかるだろう。

さらにいえば、りんごを主原料にした「シードル」や、アルコール入り炭酸水を意味する「ハードセルツァー」などもクラフトビールの市場で流通している。たとえば前章で紹介した東京・押上のミヤタビールでは、ＩＰＡやゴールデンエールのほかに、りんごを使ったシードルも頻繁に醸造していて、人気を呼んでいる。宮田さんはビールもシードルも同じ酵母で仕込んでいて（つまりビール酵母で仕込んだシードルということ）、ドライでやさしいシードルは僕の大好物だ。

同じ酵母で醸したビールとシードルの飲み比べができるなんて、まさにクラフトビールならではの特別な体験だろう。

愛すべき"ビールの怪人"を探して

バリエーションが豊富なのはビールのスタイルばかりでなく、そのつくり手たちの来歴や個性についても同様のことがいえる。

先述したようにクラフトビールは産業としてまだ新しいため、異業種から転身したブルワーが多い。彼ら自身の個性に着目してスタートした取材が、月刊サイゾーの「ビールの怪人」だったわけだが、4年に及ぶ連載中には、本当にさまざまなブルワーに出会うことができた。

たとえば、群馬県高崎市で「シンキチ醸造所」というマイクロブルワリーを営む堀澤宏之さんは、もとは発酵に関する著書まである生粋の料理人だ。シンキチという名の由来がまたおもしろい。

「大昔、連れていかれたキャバクラで『うちのお爺ちゃんに似てる』と言われたのがきっかけでした。そのキャバ嬢のお爺ちゃんの名前がシンキチだったんです」

とくに通い詰めた店でもお気に入りの嬢というわけでもなかったそうだが、自分も年老いてもなおビールづくりを続けていたい、そんな願いを込めて店名に拝借したのだという。

さすが発酵はお手の物で、堀澤さんのつくるビールはどれも美味で関東圏に多くのファンを抱えている。モットーは「和食に合うビール」だ。

神奈川県川崎市の「東海道ＢＥＥＲ」では、立ち上げに携わったブルワーの田上達史《たのうえさとし》さんが独特だった。田上さんは以前、同じ川崎市内で「風上麦酒《かざかみばくしゅ》製造」というブルワリーを営み、個性的で尖ったビールを次々に送り出して話題を呼んだ人物だ。

不慮の事故による怪我が原因で、一度は風上麦酒製造を閉めて業界から足を洗う決意をした田上さんだったが、「リハビリを頑張っていたら、意外と体が動くようになってきた」ためカムバック。縁あって東海道ＢＥＥＲの立ち上げプロジェクトに参加することになり、そのハイクオリティなビールは大いに人気を博した。

ところが、切れ者の田上さんは東海道ＢＥＥＲを軌道に乗せた数年後に、「ビールは儲からない」という理由でふたたび業界を去ってしまう。会社員となった彼とはいまでも飲み友達としてお付き合いさせてもらっているけれど、ビールに対する鑑識眼は健在で、酒席では在野のクラフトビールを舌鋒鋭く斬りまくっている。まるで時代劇に登場する凄腕の素浪人のようだ。僕はひそかに田上さんの再復帰を期待している。

埼玉県秩父市で「秩父麦酒醸造所」を立ち上げた丹《たん》広大《こうだい》さんは、北海道は函館の生まれ。地元の高専を卒業後、ずっと土木業一筋で災害現場の復旧や橋梁設計、高速道路の補修などに従事してきたが、30歳を前にジョブチェンジを決め、知人が営む飲食店で働きはじめたところ、いまの奥さんと運命的な出会いを得た。

彼女が医局勤務の医師で全国を転々とする多忙な立場だったため、一緒についていこうと決意した丹さん。奥さんの仕事の都合で腰を落ち着けることになった埼玉県で、地域活動に積極的に参加するうち、地元の老舗酒蔵が所有する古いビールの醸造設備の存在を知ったのが大きな転機になる。「この地域にあらたな産業をつくるために頑張ってみよう」と一念発起し、秩父麦酒を立ち上げた。

これによって現在、秩父の地におよそ全種類の酒造が揃ったことが個人的に興味深い。秩父ではもともと日本酒やワインづくりがおこなわれていて、酒蔵では焼酎も醸している。また、世界的に評価されているウイスキー「イチローズモルト」の生産拠点も秩父蒸留所だ。さらに近年では、ミード（蜂蜜酒）専門の醸造所も立ち上がり、丹さんの秩父麦酒と合わせて、名実ともにお酒の王国となった感がある。

――と、挙げればキリがないほど多様なブルワーとの出会いをあたえてくれた連載「ビールの怪人」。地方を訪ねることも多かったが、編集部が交通費を負担してくれるわけではないので、基本的には赤字仕事。そのためなるべく他の取材案件とセットで計画を立てたり、あの手この手で各地のおもしろいブルワーを発掘することに躍起になった。

一個人事業主として、赤字前提で仕事をするなんて間違っているのかもしれない。実際、同業者からは「なんでそこまでするの？」と言われることが多かった。

でも、この連載に関しては1回あたりの原稿料でそのつど収支を弾くつもりは毛頭なかった。とにかくいろんなブルワーと直接会うことがいちばんの目的だったからだ。あとで連載を単行本にまとめれば多少なりとも経費は回収できるだろうし、ブルワーたちとのネットワークを他の仕事に活かせれば、副次的にペイできる。そう考えていた。

実際、こうして構築していったブルワー人脈はのちに、さまざまな体験と学びを僕にあたえてくれることになる。

いつか自分もビアフェスをやりたい

世のクラフトビール人気が盛り上がるにつれて、全国各地で催されるようになったのが、ビアフェスというイベントだ。

音楽フェスなどと同様、ひとつの会場に多数のブルワリーが出店するクラフトビールの祭典で、関東最大級の規模を誇る「けやきひろば 秋のビール祭り」（於さいたまスーパーアリーナ）では2024年、65店舗もの出店があった。

全国各地でつくられるクラフトビールは、その地域へ足を運ばなければドラフト（生サーバー）で味わう機会がなかなかないものも多い。その点、こうしたイベントは全国各地のブルワリーが集結するから、ふだんは出会うことができない各地のビールを生で味わえる得がたいチャンスなのだ。

クラフトビール愛好家たちは、イベント開催情報が明らかになると、出店リストをチェックしながら「今年のラインナップはいいね！」とか、「どこそこのブルワリーが来るから行かなくちゃ」などと胸を高鳴らせる。地域も醸造所もビールのスタイルも百花繚乱で、僕も毎度ワクワクしてしまう。

一方でこうしたビアフェスは、取材を通して出会った全国のブルワーのみなさんと久々に対面できる場でもある。取材以来、数年ぶりに顔を合わせる人も多く、僕としてはこれがなんだか同窓会のようでおもしろい。ビアフェスとは、いろんな意味でつくり手との距離を縮めてくれるイベントなのだ。

そのうち、自分でもこうしたビアフェスを主催できないだろうかとの思いが、ふつふつと湧いてきた。どこか大きな屋外スペースを見つけ、これまで取材したブルワリーに声をかけて、彼らが一堂に会するビアフェスを実現できたら素晴らしい。

もちろん、けっして簡単なことじゃない。

一から自分で事をなそうと思えば、場所の所有者との交渉や保健所とのやりとり、必要な機材の手配など、やらなければならないことがたくさんある。どう考えても素人がいきなり手を出せるものではなく、何らかの形での修業が必要だろう。

懇意のブルワーたちのなかには、みずからビアフェスを主催する人も少なくなかった。そうした識者の協力を乞うてみるのが得策だろうか。いや、それが叶ったところで一介のライターである自分には、まだ時期尚早のように思えた。

それでも、にわかに僕の中で芽吹いたビアフェス開催という夢は、その後も消えることなく少しずつイメージを醸成していくことになる。

運命的な出会いと地域活性の形

２０１７年10月に渋谷駅からほど近い場所で「shh Garage」（以下、ガレージ）という音楽バーがオープンした。僕の友人が仲間と3人で開いたもので、看板を掲げずに運営する、会員制というよりは紹介制の店だ。そもそもわかりにくい場所なので、うっかり一見客が入ってくることもなく、渋谷界隈の仲間が気軽に集まって酒を飲む、飲食店形式のコミュニティというのが実態だった。

運営する3人にはそれぞれ本業があり、彼らの知人や仕事仲間を中心に夜な夜なネットワークが広がって、いつもほどよくにぎわっていた。自宅からのアクセスが良い立地だったので、僕もひまな夜や飲み会帰りなどによく顔を出していた。音楽を聴きたかったというより、デュランバーとはまたちがう人種に会えるのが楽しかったのだ。

僕はここで、のちに極めて重要な存在となるキーパーソンと出会うことになる。日比谷《ひびや》尚武《なおたけ》というふたつ歳下のその人物は、企業広報やコミュニティづくりのスペシャリストとして活動する渋谷の有名人だった。

本人は人脈のハブになる役どころとして「コネクタ」を名乗っているが、日本ではあまり浸透していない肩書きなので、経営コンサルタントと言い換えたほうがわかりやすいだろう。ガレージを経営する3人のうちのひとりであり、言ってしまえば彼の幅広い人脈があるからこそ、紹介制というクローズドな店舗運営が成り立っていた。

初対面の瞬間は詳しく覚えていないけれど、渋谷を中心とした近いコミュニティで活動する者同士、おたがいに名前は耳にしていたから、わりとすんなり打ち解けたように思う。

当初はガレージで顔を合わせたときに少し話をする程度だったのが、徐々に気心が知れてくると一緒に旅行へ出かけるほど親しくなった。旅行というよりも〝地方へ飲みにいく〟と表現したほうが正確で、僕も彼もローカルの文化（とくに酒関係）や地域特性に触れるのが好きだった。

僕からすると、渋谷の地域振興にも携わっている日比谷をお気に入りの地域へ連れ出せば、何か楽しいことが起きそうだという期待があった。あるときは青森県弘前市へ、またあるときは鳥取県鳥取市へと、暇を見つけてはせっせとふたりで地方へ飛んだ。

多くのローカルはいま、過疎化と財政難にあえいでいる。地域の中堅層（この場合は30～50歳くらいの働き盛り）は地元を盛り上げようとあの手この手で頑張っているわけだけれど、悲惨なのはそうしたプレイヤーが全然いない地域だ。

おもしろいもので、プレイヤー不足の地域というのは、初めて訪れた場所でも5分も歩けばすぐにわかる。街に活気がなく、新しい取り組みの匂いがしないからだ。

逆に、中堅層がアイデアを出して街を盛り上げていたり、UターンやIターンで移り住んだ人々が今までにない事業を起こしたりしている地域では、否が応にも新鮮な風が吹いているのを体感できる。そんなローカルのプレイヤーと日比谷を引き合わせてみたら、いつか思いもよらない化学反応が起きるような気がしていた。

また、僕としては狙ったわけでもないのに、そうした各地方にしっかりご当地のクラフトビールが存在していたのも単なる偶然ではないと思う。あらたな名産品を積極的に模索する地域にとって、クラフトビールは格好のツールになるからだ。

実際、近年マイクロブルワリーの数は激増している。２０１０年代半ばからの10年間で、その数は全国で3倍に増えたとされ、手元の資料を手繰ってみると、19年には４２２、22年には６５０、24年には８６０超とある。年々数を減らしている日本酒の酒蔵数（約１４００）に迫らんとする勢いだ。なかには行政からの協力などが一部得られる地域もあり、街を活性化させる一手として、クラフトビールの醸造は打ってつけの小商いになっているようだ。

一方で、開業する当事者の立場に寄り添ってみれば、これまでの仕事を離れ、あらたにビールの醸造スキルを修得し、資金を用意して醸造所を建てるというのは、生半可な決意ではないはずだ。つまり、８００軒以上に及ぶマイクロブルワリーの数と同じ数だけ独自の物語が存在するわけで、クラフトビールの魅力のひとつはそこにあると僕は思っている。

そうこうしているうちに、世界をコロナ禍が襲った。

飲食シーンを取り巻く事情は激変。感染リスクを恐れて外出を減らす人が増え、僕が運営していたデュランバーもただでさえ少ない客足が、みるみる減っていった。近隣の馴染みの店もこの騒ぎでいくつか失ってしまった。まさに一寸先は闇だ。

一方でいまさら計画を止めるわけにもいかなかったのか、この有事に新規オープンを強行する飲食店も街には散見された。他人事ながら「大丈夫なんだろうか」と不憫に感じたものである。

そんな逆風のさなか、自宅から歩いてほんの2〜3分の場所にクラフトビール専門店がオープンした。「クラフトビールシザーズ」というその店は、僕のマニア心を満たしてくれるラインナップを取り揃えた、じつにイケてるビアバーだった。

シザーズ（はさみ）という店名が示すとおり、オーナーは近隣でサロンを営む美容師。そこで雇われ店長に収まったのがたまたま古い知人だった偶然も手伝い、僕は連日この店に入り浸るようになる。

クラフトビールに関するマニアックな話題で盛り上がれる相手ができたことが、なによりもうれしかった。もっともオーナーからすれば、とんでもない時期の出店になり、気が気じゃなかったはずだけれど。

前出の音楽バー、ガレージもこうした危機的状況と無縁ではなかった。

もともとSNSを通して営業状況を伝える手法を採っていたガレージだが、そのSNSがしばらくうんともすんとも言わないから、営業しているのかどうかもわからない。

たまりかねて運営者のひとりに「今夜は営業してるの？」とメッセージを飛ばしてみると、「来るなら開けるよ」との返事があった。足を運んでみると、やはり客は僕ひとりだけ。

渋谷の街全体がひっそりとしていたこの夜が、結果的にガレージ最後の営業日となった。

せめてもの救いは、飲食店に手厚い補助と協力金（感染拡大防止協力金など）が設定されたことだ。デュランバーも、とりあえず家賃が払えなくなるような事態に陥らずにすんだのは幸いだった。

タップテイクオーバーで湧きあがったビアバーの夢

クラフトビールシザーズが「まん防（まん延防止等重点措置）」の期間中も毎日20時まで開けてくれていたのはありがたかった。おかげで人との接点、新しいビールとの出会いが維持され、クラフトビールとじっくり向き合う良い時間が得られた。

こうした有事にあっても、クラフトビールの場合はボトルやプラカップでテイクアウト需要に対応できるのが大きなメリットだ。自宅でクラフトビールを楽しみたい人たちが、グラウラー（ビール用のタンブラー）を持って店にビールを買いにくるようすは、どこか角打ち酒場のようでもあり楽しかった。これは他の業態にはあまりない特性だろう。

実際、都内のあるビアバーでは、パンデミック真っ只中の２０２０年7月に過去最高益を出したという話を聞いた。クラフトビールには逆境への意外な強さがある。

そしてコロナ禍が始まって1年が過ぎ、行動制限にも人々がだいぶ慣れてきたころ、クラフトビールシザーズからこんな提案を受けた。

「友清さんが連載している『ビールの怪人』のタップテイクオーバーをうちでやらせてもらえませんか?」

タップテイクオーバーというのはビアバー用語で、その店のすべてのビアタップを、ひとつのブルワリーが醸したビールでジャックするイベントを意味している。ビアバーとしてはそのブルワリーのファンを呼び込むことができるし、イベントが盛り上がればブルワリーとしても良いブランディングになる。

ちょっと変則的だが今回の提案はこの応用編で、クラフトビールシザーズの10タップを「ビールの怪人」に登場したブルワーのビールで埋め尽くそうというものだった。

連載を通して培ってきた全国のブルワーとのネットワークが思わぬ形でリアルイベントの企画になり、がぜんテンションが上がった。それに、コロナ禍でどこのブルワリーも販路の確保に苦労しているはずだから、せめてものサポートになればという思いもあった。

こうして21年7月に実現した「ビールの怪人・タップテイクオーバー」。人形町の「NUMBER 6」というビアバーも連携してくれたおかげで、2店舗で16タップを〝怪人〟たちのビールがジャックする、思いのほか大規模な催しとなった。

これに合わせて鳥取県「大山Gビール」の社長を公開インタビューしたり、オリジナルのTシャツをつくったり、コロナ禍の閉塞ムードを吹き飛ばすようなにぎやかなイベントにできたのは幸いだった。

前出の東海道BEERなどは、「ふだんは外販（他店舗への卸売）はやっていないのですが、今回は特別に……」とありがたい計らいをしてくれて、僕としても鼻高々。店側は通常なら調達できないビールをつなぐことができて喜んでくれたし、目ざといファンからは「え、東海道BEERが飲めるんですか?」と驚きの声が届いた。

この出来事を通じて、僕の中でまた新しい意欲がひとつ芽生えた。それは「タップリストの編集をしてみたい」というものだ。自分で自由にクラフトビールをセレクトして、それをお客さんに楽しんでもらいたい。これまで幅広く取材を重ねてきた自分になら、他の誰にも真似できないラインナップが実現できるはずだ。うまくいけば、お客さんだけでなくお店にもブルワーにも喜んでもらえるだろう。

では、どうすればこの夢は実現できるのか。

デュランバーを改装してビアタップを増やせばいけるかもしれない。でも、オーセンティックバーとクラフトビールの相性はけっして悪くはないのだろうが、なんだか中途半端な店になってしまう気がした。マッムラもそこまでクラフトビールには興味を持っていないだろう。それに、日頃からお世話になっているクラフトビールシザーズと、エリア的に競合してしまうのも本意ではなかった。

デュランバーのことはいったん措《お》くとして、やはりクラフトビール専門のビアバーをあらたに立ち上げるしかないだろう。

横浜生まれの僕が書いたビール本

2022年に突入してもコロナ禍は収束する気配を見せなかったけれど、まん防発令中であっても人々は以前ほど極端に行動を自粛することはなく、少しずつ社会活動が活発化しているのを感じた。

他の都道府県に足を運びやすくなったのはルポライターには幸いなことで、僕は控えていた地方取材を再開し、積極的に全国へ飛び出した。友人の日比谷尚武とあちこちローカルへ繰り出すことも増え、そのたびにその土地のムードを肴にたくさん酒を飲んだ。

そんな折、あらたな執筆オファーが入った。

「友清さんは横浜出身でしたよね。横浜をテーマに何か一冊やりませんか？」

言葉の主は、横浜に本社を置く大手書店チェーン、有隣堂が持つ出版部門の編集者だ。長く物書き稼業をやってきたが、これは今までなかった渡りに船の話だった。

というのも、たしかに僕は横浜市出身だが、横浜にもいろいろある。生まれ育った青葉区というエリアは、大方の人がイメージする山下公園やみなとみらいの風景とはかけ離れた、東京都町田市に隣接する内陸部だ。とくにそれを卑屈に感じていたわけではないけれど、自分の出身地を語る際にはいつも「横浜市の山の民です」と言っていた。だからこうして真正面から〝ハマっ子〟扱いしてもらえるのは、なんだかこそばゆいような新鮮さがあった。

横浜は「日本初」の宝庫だ。パン屋やアイスクリーム、ナポリタンあたりは有名だが、他にも日本初の洋式競馬場や邦字新聞が生まれたのも横浜。日本初の電話サービスも東京—横浜間だった。さらには日本初の鉄道も新橋駅（現汐留駅）—横浜駅（現桜木町駅）間で開通している。

しかし、本を一冊書けるほどのネタとなれば、やはりビールだろうと直感した。横浜はビール産業発祥の地。日本初のビール工場が生まれた土地柄なのだ。

一応地元である横浜にそれほど注目してこなかったことがもったいないと思えるほど、

よくよく考えたらこれほどおもしろいテーマはない。編集者も「いいですね！」と即決してくれ、僕にとってビールを題材にした2冊目となる本の執筆が始まった。

横浜とビールの関係について、豆知識として少しだけここでも触れておきたい。

外国人居留地だった横浜に、複数のブルワリーが誕生したのが明治初期。いずれも外国人が立ち上げたもので、そのうちのひとつ、スプリングバレー・ブルワリーがキリンビールの前身だ。現在、大手の中でもクラフトビール市場の開拓に熱心なキリンビールが、独自のブランドとして「スプリングバレー」の商品名を用いているが、これはビール産業全体にとって由緒ある名称なのである。

市内にはいまも当時の史跡がいくつか残されていて、港の見える丘公園の近くにある北方小学校の敷地内には、「ビール井戸」と呼ばれる古井戸がある。かつてビールづくりのために用いられたものだ。この地で湧いていた水が、日本のビール産業の礎を築いたことを想像すると、感慨深いものがある。

歴史を深掘りしていけば、興味を惹かれるネタが次々と出てくる。

1 ペリー提督が黒船でやってきたとき、じつはビールらしき酒を日本に持ち込んでいた事実がある（記録には「土色をしておびただしく泡立つ酒」と残されている）。

2 外国人居留地から始まったビール産業はその後、戦費調達のための国策として位置づけられ、官営工場がいくつも設けられた（そのひとつである札幌の開拓使麦酒醸造所がサッポロビールの前身）。

3 戦時中、各世帯に毎月2本の瓶ビールが配給されていた時期がある（これが家庭にビールが根づく一因になったと僕は想像している）。

関連スポットを片っ端から取材してまわる一方、山のように文献を取り寄せて研究に励んだ。こうして23年6月に刊行されたのが『横濱麦酒物語』（有隣堂）だ。

何でもやるコンビニエントなライターでありたいと長年思ってきたけれど、いよいよ〝ビールの人〟として腹を括るべきなのかも——。そんな思いが頭をよぎったのは、物書きとしてキャリアの分岐点に差し掛かっていたからだろう。

さらば、青春のデュランバー

この6月には、もうひとつ僕にとって重要な出来事があった。デュランバーの閉店だ。

コロナ禍が外食産業にあたえたダメージは計り知れないが、ワンオペでまわしていたデュランバーは人件費が最低限で済むので、協力金が得られるうちは安泰だった。

しかし、その手厚い補償がなくなり、かといって客足が戻るわけでもないウィズコロナ時代に突入すると、デュランバーは深刻な赤字経営を強いられた。バーという〝不要不急〟の店にとって、多くの人が家飲みのコスパの良さを知ってしまったのも大きな痛手だった。

仕事仲間が打ち合わせがてら、久々に顔を出してくれることもあったけれど焼け石に水。以前なら、何かイベントを画策して少しでも売上げを確保しようと頑張るところだったが、大勢が集まる催事に人々はまだネガティブで、下手な企画を打てばかえって評判を下げることになりかねない。デュランバーは完全なるジリ貧状態に陥っていた。

そうでなくても、前年に50歳の節目を迎えていたマツムラは、「将来は田舎に帰って〇〇屋をやりたい」と語ることが増えていた。〝〇〇屋〟の部分は時期によって焼鳥屋だったりカレー屋だったりに入れ替わるので話半分に聞いていたけれど、少なくともデュランバーの存続に弱気になっていることは間違いなかった。

なにより彼としても、彼女のヒモ生活を永遠に続けられるわけではないという危機感があっただろう。正直なところこの先、劇的にデュランバーが繁盛する未来も見えてこない。デュランバーはけっしてサスティナブルなものではなく、いつかは区切りをつけなければならないという、暗黙のコンセンサスが僕らの中にあったのも事実だ。そう考えれば、コロナ禍は店を畳むのにちょうどいいタイミングだったのかもしれない。

最高に居心地のいいこの空間を失うのは寂しいし、続けようと思えばもう数年間くらいはもつかもしれない。しかし、コロナ以前ほど僕もこの場所を活用できていなかったし、秋になればまた家賃更新の時期もくる（更新料がかかる）。客観的に見て、潮時だった。

丸10年、かけがえのない体験をたくさん積ませてもらった店を失うのは辛かったが、心情的に〝潰れた〟というより〝役目を終えた〟感覚でいられたのだから、いい終わり方だったのだろう。

クラフトビアバー開業計画、始動

じつは、この数カ月前から僕は日比谷に、「クラフトビールの店をやりたいんだよね」と話すようになっていた。これはデュランバーの閉店を予感していたからではなく、単に願望、いや妄想を軽口として叩いていただけにすぎない。

一方、彼も彼で思うところがあったようだ。ローカルへの旅を共にするなかで、クラフトビールの持つ土着性は十分に伝わっているように感じられたし、デュランバーより先にガレージの閉店を味わってもいたから、心のどこかで次の場所を求めていたのは明白だった。

そこで「じゃあ一緒にやろうか」という明確な言葉があったかどうかは、残念ながら記憶の彼方だ。でも、おたがい次に何かをやるならコンビを組もうというのは、僕らにとってあえて口にはしなくてもわりと自然な気持ちだったように思う。

さて、では実際にどうするか。日比谷が主に求めていたのは、仕事仲間が集まりやすい空間と、音楽を流せる環境だった（彼は大の音楽好きなのだ）。僕とて、クラフトビールが飲めて音楽が聴けるバーは、いかにも洒落ていてウェルカム。ふたりの希望が一致するのはこの業態だろう。

ただ、飲食店で利益を出すのがいかに難しいことかをデュランバーの10年間で思い知らされていたから、リスクに対する恐れがなかったわけではない。

この10年、オーナーでありながら、みずから店に金を落とすことに躍起になっていたことを振り返れば、そろそろ消費を控えて老後の資金でも蓄えなければならない気もした。そもそも僕は先行き不安なフリーランスなのだ。道楽に投資する余裕はない。

しかし同時に、飲食店経営で成功している友人知人の話を聞いて、猛烈に惹きつけられる自分もいた。結局のところ自分は飲食業が好きなのだと気づいたのがこのころだ。

そういえば高校・大学の7年間もメインのアルバイトはずっと飲食店だったし、かれこれ四半世紀ほど夜な夜な酒場に金も落としてきた。客の立場から得てきた知見はそれなりに蓄積されているし、デュランバーの運営を通して店舗側の事情を学んだことも大きい。時は来た、ということか。もしかしたら年齢的にも全力で当たれる最後のチャンスかもしれず、ここらでもうひと勝負するのもいいかもしれない……。

そんなことを悶々と考えていたとき、ライター仕事で飲食店専門の経営コンサルタントにインタビューする機会を得た。そのときにひとつ、次のような印象的な言葉があった。

「飲食店経営で安定的に利益が得られるようになるのは、3店舗目からですよ」

小さな収益でも3店舗分集まればそれなりの利益になるという意味もあるし、消耗品や食材などの在庫管理が効率化できるという側面もあるだろう。

裏を返せば、単店舗で大きく儲けようと思うのは浅はかで、過剰な期待は禁物というわけだ。

「みんな、すぐに利益が出せて、多店舗展開で左団扇の暮らしができると夢を見がちなんですよね」

その経営コンサルタントが遠い目をして話していたのを思い出す。

夢を見るのは悪いことじゃないけれど、足もとがおろそかになるようではいけない。僕らの場合でいうなら、生活の糧《かて》を得る手段として店をあてにするのではなく、本業にからめて有機的に活用できる場として捉えるなら、店舗を持つことの意義は大きいはずだ。世の中的にもパラレルワーク、ダブルワークが浸透し、副業ならぬ〝複業〟があたりまえの時代になってきている。

利益の取り方がイコール売上げである必要はない。その空間から本業に何らかのリターンがあれば、元は取れるだろう。ふたりともそういう意識があったと思う。そのほうが楽しい人生になりそうだし、僕の中ではデュランバーだって長らくそういう立ち位置だったのだから。

物件探しの条件メモ

実際問題として、何らかの「場づくり」をやろうとしたときに、日比谷尚武という人間ほど頼もしいパートナーはいないと思う。彼の集客能力に対する信頼と期待はもちろん、おたがいの得意分野や仕事の領域が絶妙に異なっていたことにも、いい相乗効果を生み出す可能性を感じていた。この感覚を言語化するのは正直、ちょっと難しい。

経営コンサルタント（日比谷）と物書き（友清）。

つまり、ビジネスを中から動かす者（日比谷）と外から取材する者（友清）。

まったく異なる立場や視座で長年仕事をしてきた僕たちふたりが、それぞれの知見や人脈をうまく掛け合わせたら、きっとおもしろいことが起こせる。そう思えたのだ。

実際、彼と旅や酒の席を共にするのは楽しかった。会話の中で、おたがいの異なる領域が凸と凹のようにうまく嚙み合うような局面がしばしばあり、そこにはさまざまな学びや気づきがあった。これまではどちらかといえば遊びの範疇で付き合ってきたけれど、一緒にひとつの場を運営するとなれば、きっとさらに多くの発見があるにちがいない。それは僕自身のキャリアアップの鍵にもなるはずだ。

こうして、当初は酒の席のノリでしかなかった新店舗出店という〝希望〟は、しだいにそのイメージを具体化させていき、やがて実現に向かいはじめた。

とはいえ、東京であらたに飲食店を開くのは大変なことだ。

まず、空いている物件が圧倒的に不足している。

テナント専門の不動産情報サイトをあちこち覗いてみても、それなりの場所で飲食可の物件となると、極端に家賃が高くて手が出ない（というより家賃が高いから空いているのだろう)。渋谷駅から徒歩圏内ともなれば、坪単価で5～6万円はあたりまえ。なかには新築で坪9万円超という物件もあった。1坪は1・818平方メートル（約2畳）に相当する。

それでも、まずは場所が見つからなければ何も始まらない。僕と日比谷の活動圏を踏まえれば、渋谷を起点に半径2～3キロメートル以内でやれるのが理想的だ。駅でいえば、渋谷、恵比寿、代官山、神泉、池尻大橋といったところだろうか。

このときに日比谷がつくった条件メモが残っている。

□場所は渋谷周辺
□多少駅から離れててもOK
□軽飲食可能な物件
□ある程度の音量が出せること（ビールサーバーを設置する想定）
□路面店じゃなくてもOK
□広さはざっくり10坪前後

いま見返してみても、さほどワガママは言っていないような気がするけれど、それでもすべての条件を満たす物件はなかなか見つからない。

家賃についていえば、デュランバー時代に月額24万円がけっこうな負担になっていたので、叶うものなら半額くらいに抑えたいのが僕の本音だった。デュランバーは14坪あったが、ビアバーなら10坪もあればじゅうぶんに営業可能だろうし、そこそこ年月の経った築古物件だったら、けっして非現実的な数字ではないように思えた。

家具や設備、什器《じゅうき》などが揃った居抜き物件に巡り合えれば最高だが、そういうテナントは誰もが目を皿のようにして探している。とりわけよく狙われるのはスナック跡地だ。専門の物件情報サイトもあるほどで、競争率はあまりにも高い。

それでもどうにかネット上で見つけた数少ない物件情報を日比谷と共有しては、「ああでもない、こうでもない」とやるのだが、ドンピシャの好物件なんて皆無。みな、コロナ禍で飲食業の脆弱性を思い知ったはずなのに、新規出店を目論む人がこんなに大勢いるのは少々意外な気がした(おたがい様だけど)。

しかし、こうして物件情報を漁りつづけるのも無駄ではなかった。「○○駅から徒歩○分、○坪、家賃○○万円」といった情報をいくつも目にするうちに、少しずつエリアごとの条件や相場をよりリアルに理解できるようになってきたからだ。

池尻大橋駅至近、地下1階の激安好物件

ある日、池尻大橋駅から徒歩1分の好立地で、8坪弱の物件情報に出くわした。僕の自宅から近く、家賃は11万円。渋谷の隣駅至近でこの家賃は素晴らしい。

その物件はあるマンションの地下1階で、「こんなところに空きテナントがあったのか」と意外に思いつつ、すぐに不動産屋に連絡を入れ、ふたりで内見に行くことにした。

不動産屋いわく、10年近くスケルトンのまま放置されていた物件だそうで、地下のムードも相まってどこか物々しさを感じたが、見ようによってはギルドっぽくてビールと音楽を楽しむのにいい空間かもしれない。

もしここで店をやるなら、という視点で30分ほど細部をチェック。最後に一応、申込用紙をもらったが、すでに出店希望者のアプローチが殺到していて、内見は僕らで8組目だという。貸主の方針で、おそらく早い者勝ちで決まるだろうというのが不動産屋の見立てだった。仮に僕らがその気になったとしても、すでに望みは薄い。

僕としては自宅から近いので、この場所でやれたら何かと便が良く、デュランバーに代わるあらたな居場所として申し分なかったけれど、案の定この物件は申し込む前に他の業

者に取られてしまった。

ただ、あとから近隣の老舗バーで聞いたところ、10年前にあの場所で飲食店をやっていた人が「水漏れがひどい」とよくボヤいていたらしく、いわく付きの物件なのだと判明。日比谷ものちに、「ちょっと排水の匂いが気になった」と言っていたから、逃して正解だったのかもしれない。

同じく8坪の小さなテナントを代官山で見つけたのは、その直後のことだった。

第3章

わずか8坪、
ゼロからの店舗づくり

代官山駅徒歩3分。8坪のスケルトン

「――あれ。この物件、ちょっといいんじゃない?」

2023年7月初頭。デュランバーが盛大なフィナーレを迎えた直後、日比谷がZoom越しにそう言った。

まったくの別件でオンラインミーティングをおこなっていたのだが、どちらからともなく「なかなかいい物件って出てこないもんだねえ」とこぼしはじめたことから、話題は自然に出店計画に向いていた。ふたりともこのころにはもうビアバーをやる気満々だったが、結局のところ物件が見つからなければ動き出しようがないのだ。

「幡ヶ谷あたりまで範囲を広げてみる? ギリギリ渋谷区だし」

「商圏としては悪くない。でもおたがい通いにくいよね」

「たしかに。長く続けるためにも、距離感は大切だ」

デュランバーが赤字ながらなぜ10年も続けられたかといえば、やはり立地的な利便性も大きかったように思う。我が家から徒歩3分ほどの場所で立ち寄りやすかったのだ。

その感覚からすると、次の店もできれば徒歩圏内、タクシーでもせいぜい2〜3メー

ターくらいの距離感が望ましい。贅沢だろうか？

しばし雑談しながら、それぞれが手元で不動産情報サイトを開き、何度もこすり倒した検索ワードを入力する。ヒットするのは、やはり既知のテナント情報ばかりだ。それでも出物がないかと検索を続けていたところ、日比谷のほうにアタリがあった。

「これ、共有するから見てみて」

送られてきたＵＲＬは、渋谷区のテナントだけを扱う不動産会社のサイトだった。

代官山駅から徒歩３分。恵比寿駅から徒歩10分。

約８坪の１階路面。スケルトン。

家賃24万円。

——なるほど、たしかに悪くない。

本当はスケルトンではなく飲食店の居抜きであれば最高なのだが、そうワガママばかりも言っていられない。これまで複数の不動産サイトをあたっても出てこなかった物件だから、おそらくこの業者だけが扱っているテナントなのだろう。

「うん、ちょっといいかもね」

「でしょ？　まだ空いてるのかな」

日比谷はそう言うと、問い合わせフォームからさっそくメッセージを送信した。彼はいわゆる仕事を溜めないタイプで、この手の作業を絶対に後回しにしない。

場所が場所だけに、どうせ今回もよそに先を越されているのだろうと高を括《くく》っていた僕だが、代官山というのはワクワクするエリアではある。

僕にとって代官山はアラサーのころによく洋服を買いに出かけていた街だが、好きなショップが撤退してからはとんとご無沙汰していた。しかし渋谷の隣駅とあって知名度は文句なし。自宅エリアからもぼちぼち近く、頑張れば歩いていける範囲内でもある。

「こういう場所で店がやれたらおもしろいだろうね」

と、画面越しに日比谷のスマホが鳴った。件の不動産屋からさっそくリアクションがきたのだ。僕はそのまま不動産屋と話す日比谷のようすを見守ることにした。

結論からいえばこれは吉報で、先方の担当者いわく、物件はまだ空いているからぜひ内見してほしいという。

あまりにスピーディーな展開に戸惑ったが、物事が動くときなんてこんなもの。にわかに風が吹きはじめた感覚があった。さっそく翌日に内見のアポイントが成立。代官山は昨日まで思いもよらなかった選択肢だったが、がぜん期待が高まってきた。

2023年7月5日の午前10時。この内見には、将来的に内装関連をお願いすることになるであろう、株式会社ラインズマンの門伝義文《もんでんよしのり》さんにも同行してもらうことにした。

門伝さんはもともと日比谷の友人で、僕にとっても渋谷界隈の飲み屋でたまに出くわす馴染みの顔だった。実家が工務店を営み、自身も不動産業を営んでいることから、こうした局面では全方位的に頼りになる人物である。渋谷のガレージもこの門伝さんが工事関係の一切合切を引き受けたと聞いている。

当日、僕は試しに自宅から代官山まで歩いて向かってみた。もしこのテナントに決まるなら、徒歩での所要時間をあらためて把握しておきたかったからだ（我ながら気の早い話ではあるのだけど）。

物件は、渋谷区代官山町のキャッスルマンションという7階建てビルの1階にあった。

現地にはすでに門伝さんが到着していて、建物全体や周辺のようすなどを隈《くま》なくチェックしてくれていた。その上で、僕を見つけた彼の第一声が「ここ、いいですねえ。安いですよ」という率直な感想だったことが、あからさまな吉兆に感じられた。門伝さんにも先に物件概要を共有済みだったから、少なくとも外側から把握できるかぎりにおいてはコスパのいい好物件であると、プロのお墨付きをもらった気がした。

キャッスルマンションは全97戸のわりと大規模な建物で、その名のとおり外観にお城のようなデコレーションが施されているのが特徴だ。外装はベージュに近いが、これは

1985年築という年季によるもので、もともとは色鮮やかなピンク色だったらしい。

　この近辺で生まれ育った日比谷によれば、90年代前後は代官山エリアを象徴する建築物だったそうで、建物の前の道が「キャッスルストリート」と呼ばれていることからも、その名残が感じられる。

　キャッスルマンションの1階には、通りに面して小さな商業用のテナントスペースが並んでいる。いずれも狭い間口から奥へ向かって伸びる間取りになっていて、まさに城下の町家を思わせるような構造だ（江戸時代には間口の幅で課税額が決められた時期があり、節税のために間口を狭く、奥行きを長く取る間取りが流行った）。もしこれが〝キャッスル〟を意識した設計なのであればいかにも洒落が利いている。

　かつてはこのあたりを中心に名のある古着屋やアパレルショップが看板を連ねていて、東京のトレンド発信地として注目を集めていたが、近年は「廃れゆ

キャッスルマンションの外観

く代官山」といった切り口で記事になることが多いのもまた事実。

しかし、そうしたネガティブな風評については、僕はまったく気にしていなかった。単純に、渋谷の隣接エリアがそう簡単に廃れるわけがないし、いまも周辺を東急グループが躍起になって開発しているからだ。このあと人の流れが大きく変わることも予想され、もし本当にこのエリアが廃れ気味なのであれば、むしろいまが狙い目と考えるべきだろう。

客観的に見て、この10年のうちに代官山でアパレルショップの撤退が相次いだことは間違いないけれど、住民はむしろ増えているように見えるし、通好みの飲食店も変わらず散見される。つまり、この地域のアパレルブームが去っただけで、立地に反して落ち着いた好エリア、というのが僕の心証だった。

どちらかといえばそれよりも、このキャッスルマンションの真裏に、キリンビールが営む「スプリングバレー・ブルワリー東京」が鎮座していることのほうが少し気になった。

スプリングバレー・ブルワリーは前章で触れたとおり、日本のビール産業の端緒を開いた醸造所。その末裔であるキリンが由緒あるネーミングを2015年にこの地で復活させ、独自のクラフトビールブランドを展開しているのだ。

醸造施設にレストランを併設したいわゆるブルーパブ（Brew Pub）で、このエリアの新たなシンボルとして人気を博している。個人的にキリンビールの広報部には『横濱麦酒物語』の執筆時にお世話になったばかりなので、いささか挑戦的にも思えたが、僕らがイメージしているのは小さなビアバーだから、巨象に対する蟻《あり》のようなもの。向こうからすれば取るに足らない存在だろう。

むしろ、相乗効果で代官山からクラフトビール人気に火を付けてやる、と考えるほうがチャレンジとして楽しいかもしれない。

敷金3カ月という奇跡の物件

ほどなく、日比谷と不動産屋の担当者もやってきた。目当ての102号室を開錠してもらい、いざテナントの中へ。

奥へ向かって空間が伸びる長方形のこの物件には、以前はスポーツショップが長く入っていたらしい。その撤退後に一度は北海道のアイスクリーム屋が契約したものの、電気の動力不足で必要な機材が稼働できないことが判明し、半年ほど手つかずのまま放置されていたという（なんだそりゃ）。

こうした商業用テナントでは、エアコンや厨房機器など業務用の大型機器を動かすために、家庭用電力とは別に、電力会社が「動力」という特別な契約プランを用意している。その動力の容量が足りなければ、業務用機器を動かせないわけで、先住のアイスクリーム屋はその確認を怠ったまま契約してしまったということなのだろう。しばらく家賃だけを垂れ流していたとなれば、なんとももったいない話だ。

そんなトラブルを踏まえてか、僕らの目的がビアバーであることを知った担当者は、「どういう機材を使われますか」「ビアサーバーはどのくらい電力が必要でしょうか」などと根掘り葉掘り聞いてくる。しかし正直なところ、この時点では僕らにもそうした込み入った事情がよくわからない。

ここまで下調べした範囲では、ビアサーバー自体の動力源は炭酸ガスで、電力を必要とするのはそれを冷やす冷蔵庫の部分だ。つまり、一般的な業務用冷蔵庫が使えればそれでいいはず。門伝さんも「まず問題ないと思いますよ」と事も無げなようすだ。まあ大丈夫なのだろうと思いつつ、大急ぎでビアサーバーの具体的な手配、あるいはその方法を検討しなければならないことを感じた。

それよりも目先の問題は、そうしたビアサーバーやカウンターなどをこの空間にどう配置するかだ。あらためて室内を見渡してみても、とにかく細長い。実際にこのスペースでビアバーを営むことをリアルにイメージしながら、どういう間取りで考えれば店舗として成立しうるのか、日比谷とふたりで思案しながら30分ほどイメージを固めていく。

同じ8坪でも、正方形に近い形状であればもう少しやりようがある。しかし、このテナントは完全なる縦長で、ちょうど中央あたりで柱が内側に突き出していることから、レイアウトの自由度は極めて低いように感じられた。

当初はカウンター席とテーブル席を用意し、それなりにくつろげる空間にしたいと想定していたが、ここでやるなら立ち飲みに徹するのが得策かもしれない。ビアバーなので、それもありだろう。

また、本格的な調理をおこなうことは考えていなかったから、大掛かりな換気扇やグリストラップ（厨房からの排水に含まれる油脂を溜める仕掛け）などは不要。おそらく水まわりの用途はグラス洗浄などの排水が中心になる。

そうやっていろいろ考えてみると、左右どちらかの壁に沿ってビアサーバーを設置するのが現実的か。おのずと、カウンターもそれに沿って縦方向に這《は》わせることになるだろう。素人目線ながら、やはり現場を見るとイメージが具体性を帯びてくる。

デュランバーのときはすでに完成していた店を引き継ぐ形だったから、僕はゼロイチでの店舗設計を経験していない。一方の日比谷は、渋谷のガレージ時代にそのあたりをひと通り経験しており、その知見が活きているようだった。

その後、マンションの裏庭やゴミ捨て場などを見せてもらい、この日の内見はひとまず終了。裏庭にプレハブの物置があり、必要ならプラス1万円程度で各テナントに貸し出しているというのは、心強い材料だった。8坪で店をやるなら、そうした外部ストレージの存在があとで物を言うかもしれない。

また、実際に不動産屋の担当者と話してみて印象的だったのが、「ここは（貸主である）大家さんが、大変に気のいい方なんですよ」と感服気味に語っていたことだ。たしかに賃貸条件をあらためてチェックしてみると、「敷金：3カ月」、「更新料：新賃料の0・25カ月分」と、破格の数字が記載されている。

少なくとも都心の相場なら敷金は10〜11カ月が普通だろうし、更新料にしても1〜2カ月に設定している物件が多い。とくに敷金は、3カ月なら72万円で済むが、11カ月なら264万円に跳ね上がるわけだから、初期費用に大きな影響を及ぼす。こうしたやさしい設定も、ひとえに大家さんのはからいによるものらしく、門伝さんが出会い頭に「安いですよ」と言った意味がよく理解できた。

この時点で僕らの気持ちはもう大方固まっていた。やるならこの場所だ、と。偶然にも今回の不動産屋の経営陣と日比谷が既知の仲で、担当者から「だったらもう、他の入居希望はいったん止めちゃいますね」と言ってもらえたのも追い風だった。このあと、よほどの障壁にぶち当たらないかぎり、このキャッスルマンションにあらたな拠点を設けることになる。

この日はたがいに本業の予定が詰まっていたのですぐに解散したが、テナントにあたりがついた途端、やるべきことや解決すべき課題が具体性を伴ってどっと押し寄せてきた。

店舗をどうレイアウトするか。

ビアサーバーをどう調達するか。

工事を含めた初期費用はいくらかかるのか。

ひとまずハード面についていえば、これらを早急に固めることがネクストアクションに進む条件となる。

おもしろかったのは、このあたりから僕と日比谷の間に自然と役割分担が生まれたことだ。たとえば不動産屋とのやり取りは主に日比谷が担い、ビール提供関連の準備を僕が進めるというのは、わかりやすい棲み分けだった。

ちなみに日比谷は学生時代から、IT畑でPM（プロジェクトマネージャー）として揉《も》まれてきたキャリアがある。じつは今回の店づくりにあたり、僕は内心、彼のPMとしての手腕に間近で触れられるのを楽しみにしていた。

賃借人：	合同会社 kipples 様
物件名：	キャッスルマンション　1階 102 号室
物件所在地：	渋谷区代官山町 13－8
契約期間：	普通借家契約　2年　2023/9/1〜2025/8/31
月額賃料：	240,000 円（税別）　264,000 円（税込）
月額管理費：	0円（税別）　0円（税込）

	項目	詳細	金額
1	初月賃料	2023 年９月分	240,000 円
2	礼金	賃料の１ヶ月分	240,000 円
3	保証金	賃料の３ヶ月分（非課税）	720,000 円
4	保証委託料	月額税込固定費の１ヶ月分	264,000 円
5	仲介手数料	賃料の１ヶ月分	240,000 円

税別合計	1,704,000 円
消費税（10%対象）※項目１・２・５	72,000 円
消費税（8%対象）	0 円
税込総計	**1,776,000 円**

不動産初期費用計算書。礼金や保証金など込みで約177万円は、立地を考えれば破格の条件といえる

もちろん、僕が長らくサバイブしてきた出版業界だって、進行管理が欠かせない世界ではある。それどころかむしろ、本の発売日から逆算して入稿のデッドラインが決まるわけだから、編集者とは本来、進行管理の権化というべき存在である。

ところが僕をはじめとする昔ながらの編集者には、そのあたり進行をどんぶり勘定でやる悪癖が根づいていて、「最後は二晩でも三晩でも徹夜して帳尻を合わせればいいだろう」と考えてしまう不埒な輩が少なくない。

その点、ＩＴ企業の前線にいるＰＭは、どのような流れで計画を可視化し、ＱＣＤ（クオリティ・コスト・納期）の達成をめざすのか、興味は尽きなかった。

そんな僕の下心など知る由もない日比谷だが、首尾よく内見の2日後に不動産屋へ正式な申込みを済ませると、すぐに喫緊のタスクを1枚のスプレッドシートにまとめてくれた。

「不動産契約」や「事業計画」「コンセプトワーク」「管理&会計の仕組み設計」「内装工事」「機材&備品調達」などなど複数のカテゴリを設けて、それぞれに紐づくタスクを羅列。そしてタスクごとに期限とステイタス（進捗）、担当（この時点では僕か日比谷、あるいは門伝さん）、そして備考のメモ欄が設けられている。

とりあえず思いつくまま可視化した簡素なものではあるが、それでも項目は１５０に達していた。ここからはもう、オープンに向けてまっしぐらだ。細かな工事のスケジューリングなどはこのあとになるが、この夏は新店舗づくりにひたすら邁進することになる。

パラレルワーカーの起用と完全キャッシュレス化

「不動産契約」に関しては、幸いにして不動産屋の対応が良く、ちょっとした相談や困り事にも迅速に対応してくれた。こちらとしては印鑑証明や工事の図面、工程表など必要な書類を片っ端から用意してひたすら提出するのみ。契約の主体は、日比谷が個人事務所を合同会社として法人化していたので、ひとまずこの会社を使わせてもらうことにした。

問題は「事業計画」や「コンセプトワーク」だ。漠然と「国産クラフトビールの店をやりたい」と言いつづけてきたものをより深く煮詰め、言語化し直さなければならない。

とりわけ「コンセプトワーク」はあとから取り返しのつかない中核の部分で、ただ「みんながジョッキ片手に盛り上がれる、気軽な空間にしたい！」くらいの考えだけで突っ走りはじめると、中途半端な店舗になってしまうのは目に見えている。

人は目隠しをした状態では、わずか10メートルすらも正確に真っ直ぐ歩くことができない生き物だ。しかし真っ暗闇にいる当の本人は、目隠しを取るまで自分はちゃんと真っ直ぐ歩いてきたつもりでいるのだから質《たち》が悪い。コンセプトワークの設計とは、歩き出す前にこの目隠しを外す作業であるというのは、これまで複数の飲食関係者から言われたことでもある。

そうでなくても飲食業というのは、一般的な感覚からはちょっと考えられない浅はかな計画がまかり通る世界だ。最近周囲で見かけた例だけでも、オペレーションのトレーニングがあまりにも不十分で、3カ月と持たずに畳むはめになったラーメン店（駅前の家系ラーメン店など、短期で潰すほうが難しいと思うのだが）や、集客やプロモーションの計画が皆無で、借金を膨らませてわずか半年で退散したダイニングバー（最高においしいカクテルを飲ませてくれるお店だったのに）など、枚挙に暇《いとま》がない。

デュランバーもあまり人のことはいえなかったのだが、借金すれば無計画でもオープンまで漕ぎ着けられてしまうのがこの業界の怖いところ。「開店してしまえばどうにかなる」は絶対に通用しないのだ。

そうした鉄則を肝に銘じ、僕が7月10日付けで叩き台として作成したコンセプトメモが次のものだ。

コンセプト

・酒はつくり手とその背景を知れば何倍もうまくなる
・地方創生といえば手垢がついた感があるが、ローカルの魅力をつくり手とその作品（ビール）をセットにして発信する新拠点に

ターゲット

・キャッスルストリート周辺のみなさん
・界隈の友人知人

・クラフトビールファン（スプリングバレーからの流れも狙う？）
・クローズドではなく、一般の人も気楽に立ち寄れる店に
・クラフトビールメインの軸は大切にしつつ、ビールが飲めない人を置き去りにしない配慮と工夫を（ウイスキーなど他の酒も少し提供？）

ただ国産クラフトビールを売るだけなら、他のビアバーにもできる。そこで、これまでの取材経験を生かして、そのつくり手の背景にある物語をセットで発信することにこだわりたい、というのが最大のポイントだ。

これはスーパーの青果コーナーで見かける「私がつくりました」の表示に近い発想かもしれない。生産者の顔を見せたいというよりも、つくり手に思い入れを持ってビールを飲んでもらうことで、「また飲みたい」「この人がつくった別のビールも飲んでみたい」「実際に現地へ行って飲んでみたい」といったモチベーションの3連コンボが創出できれば最高だ。

なにより、暇さえあればローカルへ繰り出していた僕らとしては、地方創生の文脈でクラフトビールを扱うことがいちばん強みを活かせる手法だと考えた。

もっといえば、店主が直接取材して記事を書いたつくり手のビールしかタップオンしない縛りを設ければ、おそらく日本でも唯一無二のビアバーになるだろう。

また、店舗の具体的な運営体制やオペレーションについても、もう待ったなしでイメージを固めていく必要がある。

この際に役立ったのは、デュランバーでの10年の運営経験よりも、どちらかといえば高校・大学時代のアルバイト経験だった。大手ファミリーレストランから中規模レストラン、さらには個人経営の焼肉店など、いくつかの現場を踏み、調理や清掃、その他のキッチン内でのオペレーションについては嫌というほど叩き込まれてきた。

調理をすることのないビアバーにおいては無用の知見も少なくないけれど、おかげで洗い場まわりの構築方法はわりとすんなりイメージすることができた。

運営体制については、日比谷のスプレッドシートを埋める形で次のように方針を固めた。

運営体制

・ワンオペでの運営が基本形態
・曜日ごとにオペレーターがひとり立つ、日替わりスタッフ方式とする
・その分、ビアサーバーの操作&メンテ法は明解なマニュアルを作成

・タップにつながっている各ビールの説明は、毎回そのまま読めば伝わる資料を作成
・完全キャッシュレス

店舗サイズ的にもコスト的にも、ワンオペを前提とするのが妥当だろう。日替わりスタッフ方式としたのは、専業のスタッフをひとり雇い入れるのは、属人化リスクが高すぎると考えたからだ。

飲食業界はいま、とにかく人材不足だ。繁盛しているのに人手が足りないため撤退を余儀なくされる店舗も珍しくない。

僕が営んでいたデュランバーの場合は、幸いにして専業のバーテンダーがいたので長く続けることができたが、実質的に店の生殺与奪の権利を握っていたのは、僕ではなくバーテンダーのほうだった。もし彼が辞めると言えば、訓練されたバーテンダーなんてすぐに代役は見つからないし、僕が代わりに店に立つこともできないからだ。

そのため、かなり早い段階から、スタッフはすべてパラレルワーカーでまかなう構想を持っていた。つまり副業である。

最近では副業を正式に認める動きが企業に浸透しはじめているし、政府もそれを後押ししている。なにより、そもそも僕らの周囲にはフリーランスが多いから、若い後輩ライター

などに声をかければ、ぼちぼちシフトが埋められるのではないかと考えていた。

こうなると、調理はせずビールを注ぐだけというオペレーションの簡便さが物を言う。ビールを注ぐだけなら、まったくの初心者でもちょっと学べばすぐに対応できるだろう。

また、完全キャッシュレスとしたのは、コロナ禍以降の時勢に倣《なら》ったところもあるけれど、防犯上の理由、そして無用な金銭トラブルを避けるためでもある。

飲食業界というのは、一般の人が思う以上に金にまつわる揉め事が多い。いってしまえば、表沙汰にならないだけで従業員による使い込みが思いのほか多いのだ。

つい最近も、懇意にしていたあるバーの店長が突然辞めてしまって残念に思っていたら、月額数十万円の使途不明金による更迭だった、なんてことがあった。

最初から人材を疑って制度設計したいわけではない。しかし、誤解や勘違いが介在する余地を排除できるなら、それに越したことはないだろう。それに、そもそもキャッシュを置かなければ、オペレーションも楽だ。現金払いに対応しようと思うと、毎日、開店前に銀行へ行って釣り銭の準備をしなければならない。これはなかなかの手間だ。

その点、近年では店舗側が負担するクレジットカードの手数料もだいぶ下がっているし、キャッシュレス決済用の端末にもすぐれたものが多数ある。すべての売上管理をキャッシュレスでおこなえば、あとからデータを振り返るのも容易だろう。

パラレルワーカーの起用と完全キャッシュレスは、あらたにビアバーをやると想像しはじめたころから、わりと具体的に考えていた施策である。

このあたりの仕組みづくりについては日比谷のほうも、僕が言い出すまでもなく、もともと同じようなイメージを持っていたようだった。

ビール1杯でどれだけの利益があるのか？

では、営業時間の設定はどうすべきか。デュランバー時代は深夜どころか明け方まで営業していたが、ビアバーという業態上、比較的早い時間帯に需要が偏りそうな気がする。できれば17時、遅くても18時までにはオープンしたいところだ。

逆にオーセンティックバーのような深夜のニーズはあまりなさそうだから、クローズは早くてもいいだろう。

しかし、17時オープンとなるとスタッフは16時台に出勤しなければならず、パラレルワーカー中心のシフトとなると、どこまで現実的なのかわからない。結局、平日は18時から、週末は日中からやるのがいいだろうとひとまず着地した。

定休日の設定も悩ましい。日比谷によればこの界隈は週末もそこそこ観光客の人出があるらしい。最初のうちはしばらく無休でやってみて、客入りの薄そうな曜日をあとから定休日にするのが常套手段か。あるいは、最近の個人店によくある、休業日はそのつどＳＮＳで告知する、不定休のやり方でもいいかもしれない。

そして重要なのはキャッシュフローだ。はたしてビールを売るだけで本当に経営が成り立つのかという、超根本的な問題について検証しておかなければならない。

フードよりアルコール類のほうが利益率が高いというのは飲食店の常識だが、両輪で回っていればこそ、という気もする。フードの持ち込みは自由にするとして、いったいどれくらいビールを売ればそれだけで採算が合うのだろうか。

これについても、当時のスプレッドシートにこんなメモが残っている。

試算

・仮に18時～24時の6時間営業でオペレーターに時給１２００円を払った場合、1日の人件費が７２００円。月間25日稼動なら計18万円

・仮に15リットル樽の仕入れ値が1万５０００円なら、グラス1杯あたり３００ミリリッ

トルと見積もると50杯とれる。単価900円なら4万5000円の売上げ・つまり1樽あたりの原価は3割強、粗利はおよそ3万円？


いま見返すとかなり粗い見通しなのだけれど、あえてこのまま引用し、補足する。

ビアバーで扱う製品（つまりクラフトビール）は、大まかに樽とボトルに分類される。ボトルとは瓶ビール、もしくは缶ビールだ。

ただ、じつはボトルは利益率がいまひとつなので、なるべく樽出し（ドラフト）で捌きたいというのは、懇意のビアバー店主からよく聞かされる本音である。そこでここでは、仕入れを15リットル樽に統一する前提でメモをつくっている。

厳密にいえば、クラフトビールの原価は使われている原料によりさまざまなのだけれど、ここではおおよそ1リットルあたり1000円として考えた。原料の高騰でどんどん相場は上がっていて、実際には1リットルあたり1200円前後が相場だが、計算しやすいのでひとまずの目安として15リットル樽＝1万5000円だ。

その1樽からどれだけのビールが注げるのかと考えてみると、仮に300ミリリットルのグラスなら「1万5000ミリリットル÷300」でジャスト50杯となり、これを売価900円ですべて売れば、1樽＝4万5000円の売上げとなる……はずなのだが、じつはこれがもう成立していない。なぜなら、15リットルの樽を調達しても、中身の15リットルすべてが売り物になるわけではないからだ。

炭酸ガスを動力源にビールを注ぐビアタップの構造上、提供する際にはどうしても泡を吹くのでロスが出る。それに、タップやホースの洗浄後には、最初の数ミリを破棄したりもする。わずか数ミリリットルのこととはいえ、毎日くり返しおこなう作業なので、無視できる量ではないだろう。

あるいは、単なるオーダーミスや操作不備でロスが出ることだってかならずある。飲食店である以上、ヒューマンエラーは織り込んでおかなければならない。

そこでロスを多めに見積もって、仮に1樽のうちちゃんと販売できるのが13・5リットルとすれば、グラスで45杯売ることができ、売価900円なら4万円強の売上げとなる。仕入れ値を差っ引いて、1樽あたりの粗利は2万5000円というところが現実的か。

ただし、ビールの調達には往復の送料がかかることも忘れてはいけない。1樽捌いて4万円を売り上げたとしても、利益はもっと圧迫される。

ビールは冷蔵品だから、往路（中身が入った状態）はチルド便を使う必要があり、とりわけ北海道などの遠方からともなれば、片道だけで2000円近いコストがプラスされる。

さらに空いた樽はブルワリーに元払いで送り返さなければならないのが基本だ（最近は使

い捨てのワンウェイタイプも普及しているが）。つまり、往復で3000円ほど見込んでおくべきで、それを差し引くと粗利は2万2000円程度となる。

こうして机上であれこれ数字をいじっているだけでも、ビールというのがいかに薄利の世界であるかがおわかりいただけるだろう。せっせと何十杯も捌いても、人件費や家賃、光熱費を除けばほとんど手元には残らないのである。

それでも、だからこそ売って売って売りまくるしかない。この時点で決めていたのは、最低でも店内には8タップ、できれば10タップのビアサーバーを用意することだった。

ビアサーバーはどうしようか？

日頃からビアバーの店頭で何気なく目にしているビアサーバーだけれど、いざ自分で店を始めるに際し、いったいこれはどう調達すればいいのだろうか。

普通の居酒屋であればたいてい、目ざとく開店情報を聞きつけた大手ビールメーカーの営業マンが、「ビアサーバー、うちにやらせてくださいよ」とやってくる。ビールまわりの設備は用意するので自社のビールを専門に扱ってくれ、というわけだ。

こういう形で大手メーカーの後ろ盾があるのは店としても非常に都合が良く、ビアサーバーのメンテをある程度まかせられたり、周年などのイベントに合わせて協賛品を提供してくれたり、多くのメリットがある。ビールメーカーの側としても、一度つながった縁をこうして維持していればおのずとビールが売れつづけるのだから、関係性としてはウィン・ウィンなのだろう。

しかし、僕らが立ち上げるのはクラフトビール専門店だ。大手の製品が介在する余地はなく、当たり前のことだがそうした恩恵は期待できない。そこで、ビアサーバーを調達する方法としては大まかに、専門の業者にオーダーするか、自作するかの二択となる。

しかし、前者はいかにもコストがかさむ。ちょっと調べただけでも、8〜10のタップを備えたビアサーバーをつくるのに、200万円近い価格を掲示している事業者もあった。まだ内装工事などの初期費用の全体像が見えていないなかで、この出費は避けたい。

ならば業務用冷蔵庫を購入し、DIYで10個のタップを取り付けるのが得策なのだが、一介のライターである僕にそんなスキルはない。そこで思い浮かんだのが、押上・ミヤタビールの宮田さんの存在だった。

宮田さんはもともと工作やモノづくりが得意で、醸造所内の細かな器具を自作したり、簡単な修繕もよく自分でやっている。僕をクラフトビールの世界にどっぷりはめた張本人でもあり、この局面で巻き込むには打ってつけの人物だろう。さっそく宮田さんに会いにいき、あらたにクラフトビール専門店を立ち上げるにあたり、ビアサーバーを自作したいのですが、と相談したところ、「それは素晴らしいですね」と全面協力を約束してくれた。

まずは試しに、世の先達たちがビアサーバーをどのようにアレンジしているのか、あらためて事例を見てまわることにした。

たとえば、前章で登場した池尻大橋のクラフトビールシザーズも、業務用の冷蔵庫を改良したビアサーバーを使っている。しかも、全15タップの大掛かりなものだ。これをぜひロールモデルにしたいと僕は考えていた。

オーナーがいるタイミングを狙って店を訪ね、サーバーの中を細かく見せてもらい、おおよそのキャパシティや使用感を根掘り葉掘り聞く。改造は業者まかせだったそうで、それなりのコストがかかったようだが、僕がイメージしているものに近いビアサーバーだ。

茨城県牛久市の「牛久醸造場」を訪ねた際には、オーナーブルワーの角井智行さんから大まかなＤＩＹの手順を聞くことができたほか、注ぎ口の下に取り付ける受け皿など、細かなパーツが意外とアマゾンやヤフオクで入手できることを知った。

また、学芸大学駅近くのビアバー「Another8 Corner」では、店舗の奥のほうにプレハブ冷蔵庫を設置し、そこからパイプを数十メートル走らせて、入口付近のビアタップまでビールを飛ばすという力技を見た。僕らにはプレハブ冷蔵庫を置くスペースも予算もないけれど、この方法なら大量の樽がストックでき、思わず唸ったものだ。

西日暮里の「ビアパブ イシイ」では、小さなショーケース冷蔵庫を改修して、限られたスペースで4タップのビアサーバーを運用していた。こうしてあちこち覗かせてもらうと、ビアサーバーひとつを取ってもみな、スペースや間取りに合わせてさまざまな工夫を凝らしていることがよくわかる。店づくりというのは、かくも奥の深いものなのか。

そして、あちこち下調べをした結果、やはり最低10タップは揃えたいというのが僕の結論だった。8坪というサイズ感を考えれば、5〜6タップをじっくり売っていくスタイルでもいいのだろうけど、クラフトビールというのはタップリスト（ビールのメニュー）の構成で見せたい部分もある。

たとえば僕らのような愛好家が街のクラフトビール専門店を訪ねると、まずはその日のタップリストを俯瞰《ふかん》して、その日の〝飲み筋〟を計画するのがつねだ。

「今日は3杯くらい飲んで帰りたいから、スッキリとしたＩＰＡから始めようかな」

「まずはラガービールで喉を潤してから、目当てのセゾンをいただこう」

「どっしりと重たい黒ビールは、最後にとっておこう」

スタイル（液種）ごとのおおよその順番をイメージする楽しみが、ビアバーにはある。

その点、10タップあればめぼしいスタイルはひと通り押さえることができるから、思い思いのプランを考えることができるだろう。また、こちらも季節によってアンバーエール（茶褐色のビール）を多めにつないでみたり、人気が高いヘイジー（濁り）タイプのＩＰＡを複数用意したり、さまざまな戦略を練ることができる。

つまり、10樽に加えて予備のストック樽を3～4樽格納できる冷蔵庫を用意する必要がある。４ドアタイプ（観音開き）の業務用冷蔵庫が１台、２ドアタイプの業務用冷蔵庫が１台あれば、どうにかやりくりできそうだ。

業務用冷蔵庫ってこんなに高いのか

しかし、ここで問題となったのが、業務用厨房機器のお値段である。周囲のビアバー経営者の話では、冷蔵庫自体はたいてい30～50万円前後で調達できたと聞いていたが、正規品をメーカーから購入しようと思うと、想定していたよりもはるかに高額だった。

厨房機器の分野は、ホシザキとフクシマガリレイが2大メーカーだ。たとえばホシザキの4ドアタイプの冷蔵庫なら、定価は1台約130万円もする（同社ホームページ参照）。2ドアでも100万円をゆうに超え、合わせて230万円超……。必要な初期投資とはいえこれはちょっと手が出ない。

いったいみんな、どこから冷蔵庫を調達しているのだろう。もしかして中古だろうか。そこで都内にある厨房機器専門ショップを訪ねてみると、4ドアタイプの冷蔵庫が20～30万円前後で売られていた。これなら現実的だ。

どのみち無理をして新品を購入したところで、タップを取り付けるために穴を開けることになるのだから、保証が利かなくなる可能性がある。これはもう、中古一択だろう。

……と考えたのも束の間、中古品には大きな問題があった。臭いである。

中古ショップに並んでいる商品は当然、どこかの飲食店で使用されていたものを下取って販売しているわけだけれど、どういう店で使われていた冷蔵庫なのか、中身を開くと瞬時にわかってしまうくらい、臭いが染みついているのだ。

ちなみに僕が狙いを定めた中古冷蔵庫は、鮮魚店か寿司屋で使われていた代物と思われ、とにかく生臭くて仕方がなかった。しっかり洗浄した状態でこれほど臭いが残るなら、とてもじゃないがビールを格納するわけにはいかない。

結局、2大メーカーのものは諦めて、JCMというメーカーの冷蔵庫を楽天で購入することにした。価格は4ドアタイプが15万円強で、2ドアタイプが13万円強。ホシザキ製品の公式ショップと比べて、なぜここまで価格に差が出るのかは不明だが、いろいろ見てまわった甲斐があるというものだ。

店づくりにおいては、歩いた距離は裏切らないことを実感させられることがじつに多い。

いよいよ着工！ 9月中のOPENを決断

7月の半ばには、不動産屋と正式に契約を締結。家賃発生は2023年9月1日からということに決まった。

気になる初期費用も、この段階であらかた見えてきた。

まず不動産契約に関わるものでいうと、初月賃料が24万円で、これに1カ月分の礼金と3カ月分の保証金が加わる。さらに補償委託料が月額税込固定費で26万4000円。不動産屋への仲介手数料が賃料1カ月分。税込総計は177万6000円となった。

一方、門伝さんには基礎工事や内装、カウンターなどの設備面をトータルでお願いし、およそ250万円強。その他諸々合わせて、いったん450万円程度。

［平面図］

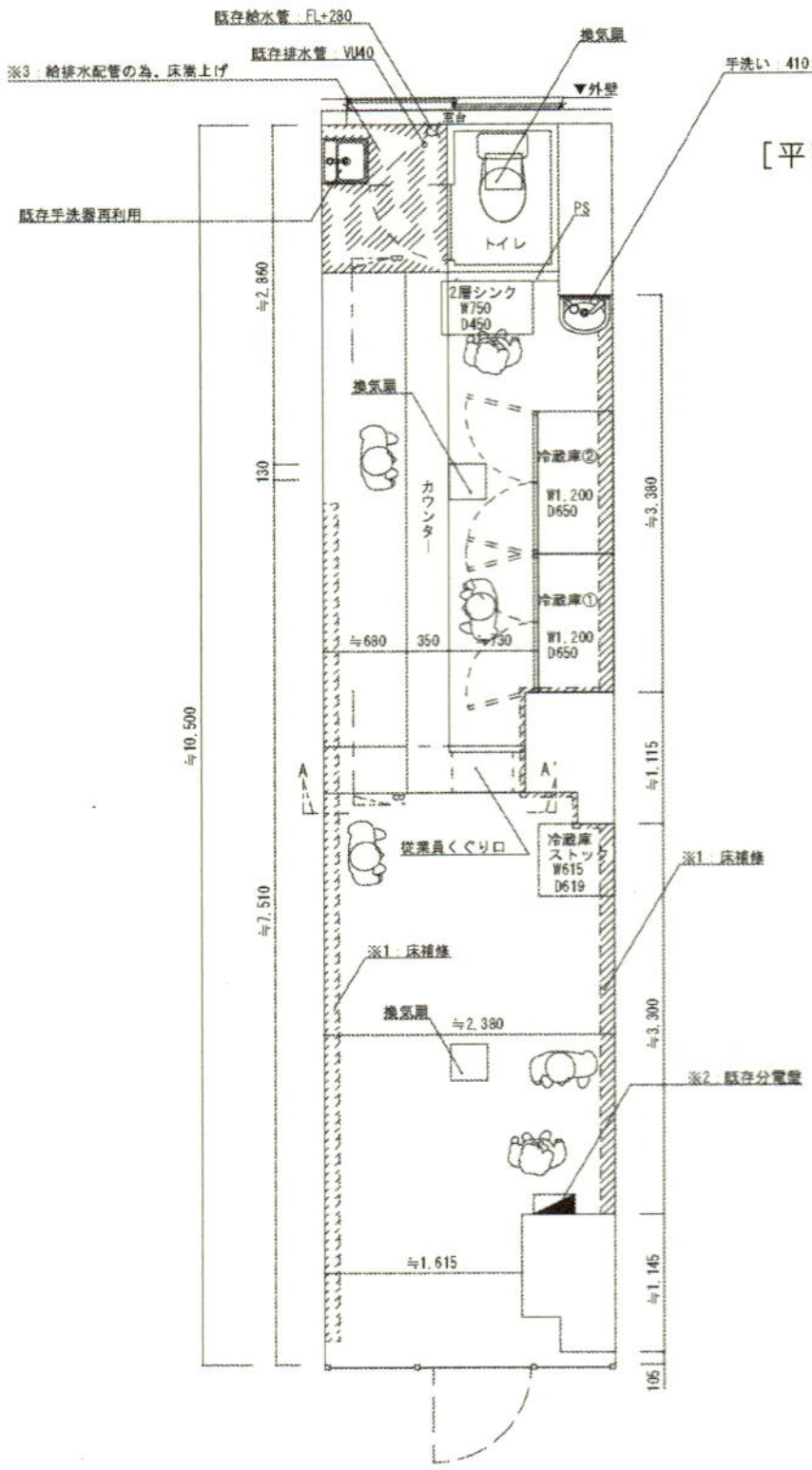

店舗の設計段階の平面図と立面図。この段階で営業風景をできるだけリアルにイメージするようにした

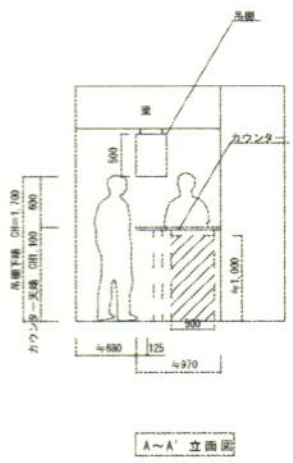

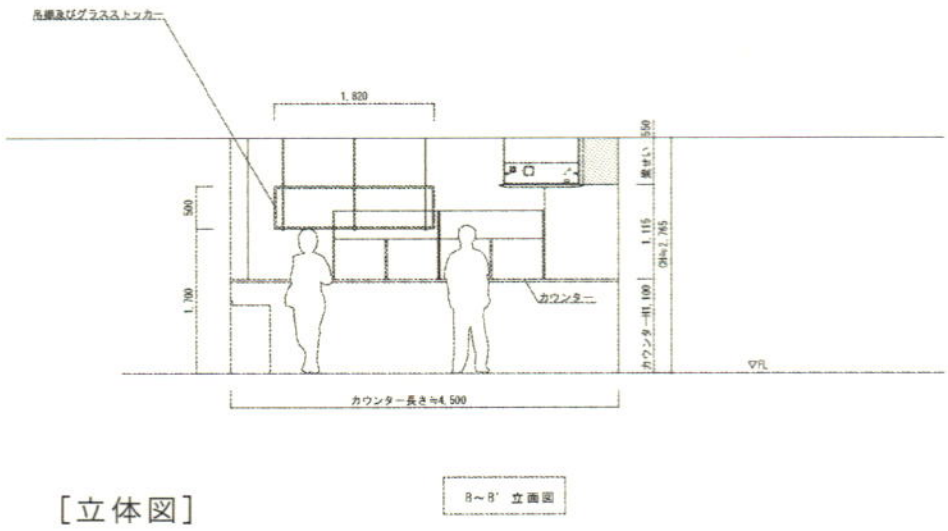

［立体図］

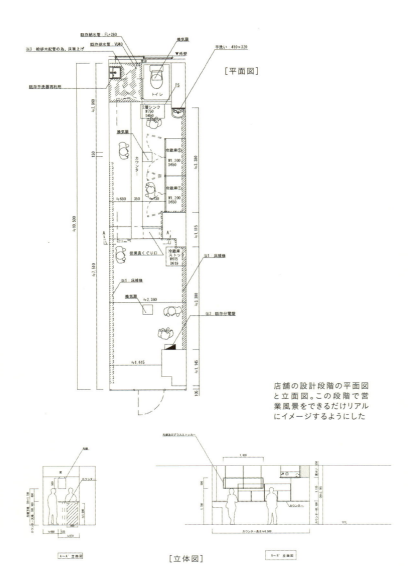

本来はここに各種の手数料が加わるので、一般的にはもう1〜2割増しをイメージすべきだが（このあたりは門伝さんに感謝）、代官山に新店舗を構える初期費用としてはかなり安くあがったほうだろう。

まだこのほかにも、什器《じゅうき》やショーケース冷蔵庫、ビールの仕入れ、細かな内装など何かと物入りではあるのだが、なかなか穏便な着地といっていい。

ちなみに飲食店を立ち上げる際の資金調達は、日本政策金融公庫や地域の金融機関から融資を受けたり、自治体や金融機関、信用保証協会が連携して提供する「制度融資」を使うなど、さまざまな方法がある。最近ではクラウドファンディングもいいだろう。

僕らの場合は、最終的に300万円強をたがいに出し合うことでまかなった。つまり自己資金。融資を受けるのは、次に何か大きなことをやるときのために取っておいたほうがいいだろう。

店内のレイアウトについては、日比谷が施主向けのオンラインシミュレーターを使って何案かイメージ図をつくってくれたので、それを叩き台に最適解を模索した（本当に便利な時代だ）。

結果、椅子は置かずに立ち飲み店としてやることに決め、入口から手前のスペースの中央に大テーブルを、奥の半分にカウンターを設けることにした。

着工は家賃が発生する9月に入ってからになるが、門伝さんによれば2〜3週間あれば十分とのことで、僕らは9月末の週末、具体的には9月29日（金）から10月1日（日）までの3日間をグランドオープン期間とすることに決めた。

着工までの準備期間、世間はちょうどビアフェスシーズンの真っ只中だった。これはタイミングとしては好都合で、僕は開業のために奔走するかたわら、いつも以上に各地のビアフェスに積極的に繰り出して懇意のブルワリーのブースを回り、肝臓のキャパシティが許すかぎり新店舗出店の報告と挨拶を重ねた。

これまではライターとして接していた彼らと、今後は取引相手としてお付き合いさせてもらうことになる。こうなると勝手知ったるビアフェスも、なんだかバイヤー目線で新鮮な風景に見えてくるからおもしろい。

僕の出店報告を受けたブルワーたちはみな、驚きつつも喜んでくれて、「お店が完成したら遊びにいきますね」と口々に言ってくれた。ファンだけでなく、夜な夜なつくり手が訪れてくれる店になれれば、これほどうれしいことはない。

そんななか、あるビアフェスで久々に顔を合わせた「イサナブルーイング」（東京都昭島市）の千田《ちだ》恭弘《やすひろ》さんが、いつもに増して快活な笑顔でこんなことを言ってくれた。

「お店をやるなら、オープン記念ビールをつくりましょうよ！」

クラフトビールの世界では、ビアバーとブルワリーがコラボしてオリジナルのビールを醸造することがよくある。憧れの企画のひとつで、いつかどこかのブルワリーとコラボできれば……と夢想していたのだけれど、それがオープン時に実現するなら最高に過ぎる。

ちなみにイサナブルーイングの千田さんは、もともと半導体や航空宇宙関連のセンサーなどを手掛けていたエンジニアで、2018年に脱サラして昭島市にブルーパブを開いた人物だ。出身は府中市だが、都内で唯一、丹沢水系の深層地下水が水道水として整備されている昭島市の環境に惹かれ、JR昭島駅そばでの起業を決意したという。

とにかく創意工夫に満ちたブルワーで、クリームソーダを意識したエメラルドグリーンのビールを開発したり、沖縄の揚げ菓子サーターアンダギーを使ったビールを仕込んだり、遊び心たっぷりの作風でフリークに親しまれている。

ビールと一緒につくり手の物語を発信したいという僕らのコンセプトからしても、そんな多様性の権化のような千田さんに記念ビールを仕込んでもらえるのはうれしいことだ。9月末のオープンに間に合わせるために、8月下旬に醸造日を設定し、後日あらためてレシピを相談することになった。

これはすなわち、オープン時の10タップのうちのひとつが決まった瞬間でもある。

では、残る9タップをどうするか。僕としてはこうしたブルワー人脈をフル活用して、どこにも真似のできない個性的なラインナップを揃えたい。そしてクラフトビールの多様性を知ってもらうために、できれば「北海道から沖縄まで」といえる初回タップリストを完成させたいところだ。

僕は足繁く各地のビアフェスに通う一方で、これまでに取材させてもらったブルワリーを振り返りながら、できるだけまんべんなく地域が散った10社のビールを揃えられるよう、計画を練りはじめた。

ギリギリまで迷った店名『ビビビ。』

しかし、なんとなく置き去りになっていたのが店名だった。

店名は店舗の顔だから重要な要素だが、じつは僕はさほど強いこだわりを持っていない。なので、日比谷から何かアイデアが挙がってくればそれに従おうと思っていたのだが、どうやら向こうも同じ考えだったらしい。

なまじ出店計画が順調に進んでいるだけに、そろそろ店名が決まっていないことが不便になってきた。なにしろ名前が決まらなければロゴも看板もつくれないのだ。

さて、どうするか。

ちなみにデュランバーの店名はオーストラリアの有名なサーフスポットに由来する。一方、日比谷が営んでいたガレージは、もともと彼の生家の車庫を飲み場にしていたルーツに由来している。店名の決め方もさまざまだ。

とにかく叩き台がなければ始まらないということで、いったん僕がいくつか候補を考案することにした。

最初に挙げたのは、「GUILD」「Joh Joh」「Roots」「CHRONICLE」の4案だった。それぞれ理由があり、「GUILD」はガレージに続く次の空間として考えたもので、「Joh Joh」は日比谷との雑談の中で『ジョジョの奇妙な冒険』の話題が出たことから、醸造の「醸」になぞらえて。そして「Roots」と「CHRONICLE」は、チャットGPTに店のコンセプトを投げて考えてもらったものである。

ひとまずこの4案で日比谷のご機嫌をうかがうと、「この中では『Joh Joh』がいい」とのこと。その心は、検索したときほかにヒットしない、なるべくオリジナリティのある言葉がいいからだという。なるほど、なるほど。

ならばと、「Joh Joh」を残してもう3案、よそとかぶらないネーミングをひねり出すことにした。そこであらたに提案したのが、「ビビビ。」「シカル」「城下町」の3つだった。「ビビビ。」はご想像のとおり、ビールの「ビ」を並べたネーミング。本当は10タップある店ということで「ビビビビビビビビビビ」としたかったが、さすがにうるさいので3つに留め、ビールの気泡を思わせる「。」を添えてみた。「シカル」は、じつはわりと直球なネーミングで、古代メソポタミアで飲まれていたビールを、当時はシカルと呼んでいた歴史から採ったもの。クラフトビールのマニアックな部分を店名に取り入れた形だ。

最後の「城下町」は〝キャッスルストリートにあらたにつくる店〟という条件をチャットGPTに投下して得られたもの。なんだか和風スナックみたいだけど、こういう名前のビアスタンドがあってもいいのではないかと個人的には気に入っていた。

僕は候補を出すことに徹し、決定は日比谷に委ねる構えで長期戦を覚悟していたのだが、意外とこの第二陣で店名が決まった。

「『ビビビ。』がいいかも。インパクトあるし」

彼のこのリアクションにより、僕らの新店舗の名前が決定した。

これまでは〝『デュランバー』の友清〟だったのが、今後は〝『ビビビ。』の友清〟になるわけで、正直まだちょっとピンと来ないところもあるが、時間と共に耳に馴染んでいく

工事内容	9月	2	3	4	5	6	7	8	9	10	11	12	13	14	15	16	17	18	19	20	21	22	23	24	25	26	27	
		土	日	月	火	水	木	金	土	日	月	火	水	木	金	土	日	月	火	水	木	金	土	日	月	火	水	
解体工事		↔																										間仕切り壁の解体、撤去
電気工事				←	→								←	―	―	→			←	→								分電盤取替、コンセント・スイッチ移設等
造作工事						←	―	―	→		←	―	―	―	―	→		←	―	→								天井壁、カウンター造作等
給排水工事											←	―	→															
空調工事															↔													ダクト配管、換気扇取付
塗装																↔		↔										カウンター内壁、塗装（水性）
設備調整																						←	→		↔			
クリーニング																										↔		クリーニング
搬入												←	→							↔								
搬出		↔							↔					↔														
産廃		↔							↔					↔														既存床材、既存ビニールクロス
人員		4		2	2	4	4	4	4		6	6	7	7	7	5		5	6	4		3	3		2	3		
車両		○		○	○	○	○	○	○			○	○	○	○	○		○	○	○	○	○	○		○	○		

工事日程表。ほぼこの予定の通りに進み、
2023年9月の1カ月間で解体からクリーニングまでが完了した

のだろう。

とにかく矢のようなスピードで時間が過ぎていく。本業であるライター業もちゃんとやっていたはずなのだが、このころの記憶に残っているのは出店準備のことばかり。

9月に入り、いよいよ家賃が発生するのと同時に、内装工事がスタートした。

新店舗オープンの告知を解禁したのもこのタイミングで、ひとまず自分のフェイスブック上で、デュランバー閉店から2カ月。今度は代官山でビアバーをやります」と投稿した。

そして、一緒に店を運営してくれるスタッフも同時に募集したところ、すぐに数名から「ぜひ働かせてほしい」というメッセージが飛んできた。

もともとクラフトビールが好きな人もいれば、単に僕らの新しい取り組みに興味を持ってくれた人もいる。こちらとしても、クラフトビールに詳しい人材である必要はなく、学園祭感覚で一緒に店舗運営を楽しんでくれるメンバーを心から欲していたから、気心の知れた編集者やエンジニアがいち早く反応し、手を挙げてくれたのがとてもうれしかった。

なにより驚いたのは、数年前にクラフトビールについて取材させてもらって以来、ゆるやかにフェイスブックでつながっていた日本ビアジャーナリスト協会の副代表（38ページ参照）からも、「私も参加したい！」と声がかかったことだった。

ノダさんという人物で、この時期にはもう同協会からは離れていたようだが、ビールとフードのペアリングをテーマにした著書もあるクラフトビール界の有名人だ。もちろんスタッフとして申し分なく、むしろ恐縮するばかり。草野球をやるつもりでメンバーを募ったら、大リーガーから応募が来てしまったような感覚だ。

デザイナーが飛んだ！　どうするロゴデザイン

デザイン全般については、僕の自宅の近所でバーを営んでいた、あるデザイナーにお願いすることにした。

その店舗がめちゃくちゃオシャレに仕上げられていたことと、彼が普段ＬＩＮＥなどで使っているちょっとしたアイコンのデザインがイケていて、ぜひロゴだけでなく店内の装飾や看板までトータルにまかせたいと思い、日比谷の了承を得ていた。

――が、この采配が凶と出る。

僕のオファーをノリノリで引き受けてくれたこのデザイナー、スケルトン状態の店舗の下見にまで来てくれたのだが、待てど暮らせど一向にデザイン案があがってこない。

とにかくロゴだけでも先に欲しいと言うと、「わかりました、すぐに出せますので」と色良いレスが返ってくるのだが、その後は梨の礫《つぶて》ということが何度もくり返された。

僕も日頃から締め切りに追い立てられている立場ゆえ、あまり何度も催促するのは逆効果であることを知っているから、彼の店に飲みにいってもプレッシャーをかけることはせず、帰りがけに「そろそろ頼むよ」と念を押す程度に留めていたのだが、いたずらに時間だけが過ぎていく。

そのうち、内装の方針が決まらないものだから、門伝さんの工事の進捗にも影響が出そうになり、「さすがに今週いっぱいがデッドラインだよ」と直接店に伝えにいくと、「わかりました。いくつかラフデザインをつくったんですけど、データが家のパソコンに入っていて……」などと夏休み明けの小学生みたいなことを言う。

やがてメッセージにもろくに既読がつかなくなったところで、これはいかんとこちらがギブアップ。プライベートでも仲良くしていた相手だけに辛抱強く待ってみたが、見切りをつけなければ開店に間に合わなくなってしまう。

僕としては面目丸つぶれ。任命責任を感じ、日比谷に平謝りするばかり。急きょ別のデザイナーを探さなければならなくなってしまった。

一からクリエイティブに着手するにはあまりにもタイトだが、捨てる神あれば拾う神あり。日比谷が通っている鍼灸院でデザイナーの紹介を受けるという不思議な展開により、僕らは心強い助っ人との縁を得た。

なんでも、つい最近まで某ＩＴ企業のハウスデザイナーとして働いていた女性が、ちょうど独立したばかりで時間にゆとりがあるとのこと。とにかく気が急いていた僕らとしては、このタイミングでの思いがけない出会いが神のお導きのように思え、一も二もなく飛びつかせてもらうことに。

本来であれば、まずイメージを共有するために打ち合わせの場を持ちましょう、となるのが普通だけれど、今回はとにかく時間がない。そこで彼女はまず、新店舗に賭ける思いやコンセプト、展望などについて、20問ほどのアンケートシートを用意して、僕と日比谷それぞれに回答を求めた。そして僕らがそれぞれの言葉で表現するものをイメージとしてインプットし、インスピレーションを湧かせ、スピーディーにいくつかのロゴデザイン案を提示してくれたのだ。

仕上がったデザイン。こちらはシンボルマーク

また、同じ調子で店舗のキーカラーのコーディネートも万全に整えてくれたほか、店舗前に掲出するA看板やのぼり、さらには名刺やショップカードまでが、オンライン上で最低限のやり取りを重ねながら、ぐいぐい仕上がっていく。

停滞していたものが一気に動き出した感があり、僕らはほっと胸を撫で下ろしながら、次第に具体化していく新店舗『ビビビ。』の全容にワクワクした。

店舗内の基礎工事や内装が完成に近づきつつあった2023年9月の半ば。僕らは五反田にある有限会社ノオトのオフィスを訪ねた。

この会社は友人が営む編集プロダクションで、オフィスの一角に、DJブースが長らく未使用のまま放置されていることを把握していた僕らは、店の中央に置くテーブルの代わりにぜひ引き取りたいと交渉し、了承を得ていた。

音楽機器に詳しい日比谷によれば、このDJブースはなかなか上等な器材らしいが、幸いにしてノオトの社長である宮脇淳さんと僕は、駆け出しライター時代からの朋友。開店祝いをおねだりすると、気前よく譲ってくれることになった。

店内はカウンターの造設が終わり、だいぶビアバーらしい様相になってきた。このテーブル代わりのDJブースをゲットしたことで、よりいっそう営業スタイルが想像しやすくなった。

スタッフもすでに10人以上が集まっていて、何なら年中無休でもシフトが組める算段が付いたのは、うれしい誤算だった。週に何日営業しようが家賃は変わらないわけだから、それならいつでも開いているイメージを根づかせるのもブランディングのひとつだろう。

また、基本的に僕と日比谷がオーナーシップを握るとしても、今後この店を機能的に運営するにあたり、おじさんふたりの発想だけではどこかで限界がありそうな気がするということで、共通の友人であるマオという女性を店長に据えることにした。

フリーランスで企業広報を手掛ける彼女は、わりと時間的な自由度が高く、ホスピタリティの面でも申し分ない人物だ。店長だからといって何らかの責任を負わせるものではなく、あくまで僕らにとっての第三の頭脳として頼りにさせてもらい、一緒に店を盛り上げてほしいということで声をかけ、快諾を得た。

それに、もしかすると今後、シフトに入った女性スタッフが僕ら男性には言いにくい悩みに直面するようなこともあるかもしれない。そんなときのためにも、運営側に女性がひとりいる意義は大きいと思う。

集まった精鋭たち

それにしても、多彩なオープニングメンバーが揃ったものだ。

元ビアジャーナリスト協会副代表の肩書を持つノダさんは、じつは過去にホテルで働いていた経験があるそうで、いかにも客商売向きの朗らかな人柄の持ち主だ。

フリーランスのウェブマーケターとして活躍するイシイさんは、「将来、地元のビアバーを継ぐ話があるので、勉強させてほしい」とジョインしてくれた。

美容師として30年近いキャリアを持つスギハラさんは、集まったメンバーの誰よりも接客に慣れていて、おまけに掃除のスキルに秀でた頼れる人物だ。

僕の友人の夫という関係性だったウエノくんは、クラフトビール専門店にコミットすることに並々ならぬ意欲を持って手を挙げてくれた、愛すべきオタクである。

いちばんの若手は24歳のウチダくんで、『ビビビ。』での仕事を通してこの界隈のコミュニティとの関わりを深めたいという、歓迎すべきモチベーションを携えてやってきた。

——と、まだまだ紹介したい仲間がたくさんいるのだけれど、挙げていけばキリがないほどバリエーション豊かな人材が集まってくれたことにひとまず安堵しつつ、これだけの人数を効率的にマネジメントする方法を考えなければならない。

そこで日比谷と相談した結果、「LINE WORKS」というビジネスチャットツールを導入することにした。

LINE WORKSはメッセンジャーやファイル共有、メンバー周知のための掲示板など、豊富な機能を備えたツールだ。こうしたスタッフ間のコミュニケーションに使えるツールは数多あるけれど、いまや誰もが持っているLINEアカウントに紐づけて使用できる点が気に入り、これを『ビビビ。』の主幹ツールとした。

ちなみに、スタッフのみなさんにお支払いする時給は１２００円。この数字にたいした意図はなく、２０２３年度当時の東京都の最低賃金が１１１３円だったことから、まあキリがいいだろうと自然に落ち着いた金額だ。

ただ正直、僕らが思い描く理念からすれば、お金目当てのスタッフは今後もあまり来ないだろうと予想していた。実際、集まった仲間はそれぞれが本業でひとかどの人物として活躍しているし、どちらかといえば金銭ではなく、この空間に関わることで得られる〝何か〟を楽しみにジョインしてくれた人が多いように思う。

とはいえ、本当に学園祭感覚のなあなあで『ビビビ。』を運営する気は毛頭ない。一人ひとりのお客さんにとって大切なコミュニティとして機能することは理想だが、それ以前に飲食店としての成功をめざす必要がある。

そこでオープンに先駆けて、飲食コンサルタントの知人を招き、最低限の接客講習会を実施した。集まった20～40代の精鋭のなかには飲食店でのバイト経験がある人も少なくないけれど、それでも接客の基礎をあらためて教わる機会は久しぶりなはずで、これからいろんなお客さんを迎えるにあたり、気持ちが引き締まる思いだった。

また、飲食店の営業に必要な食品衛生責任者の資格取得は、多忙な日比谷に代わり僕が買って出た。といっても、最近はオンラインで講習が受けられるので、さほど負担にはならず。世の中、意外と見えないところでちゃんと便利になっている。

そしていよいよオープンが翌週に迫った9月21日（木）。この日はオーダーしていた業務用冷蔵庫の搬入日だった。

門伝さんの采配で先にカウンターを設《しつら》えていたので、ただでさえ狭いスペースに大きな冷蔵庫2台をうまく運び込めるか不安だったが、これは素人ならではの杞憂。運送会社のスタッフと、門伝さんの身内の工務店のみなさんが、鮮やかな手際で難なく所定の場所に冷蔵庫を設置してくれた。

ここからはミヤタビール・宮田さんの出番である。無事に搬入された冷蔵庫に、宮田さんの指示によって門伝さんにドリルで穴を開けてもらう。その数、じつに62カ所。10個のビアタップを付けるのに、こんなに込み入った改造が必要なのかと新鮮な驚きがあった。

そして宮田さんに調達してもらったビアタップのパーツ（一部のパーツは、過去に取引実績がなければ売ってもらえないという謎の縛りがあった）を組み立てて取り付けていく。この作業は2日がかりだった。

今後は、このビアタップの分解洗浄やメンテナンスを自分でやらなければならない。そのため、細かい部分を逐一、写真や動画に収めながら作業を進める。

ほとんどは宮田さん頼りだったが、それでもすべてのパーツが組み上がり、ピカピカのビアサーバーが完成した瞬間はちょっと感動した。

もう23時を回っていたが、どうしてもビアサーバーの稼働確認をしたくて近所のコンビニにサッポロ黒ラベルを2缶、買いに走る。そして宮田さんにオペレーションの教えを請いながら空樽に缶ビールを移し、炭酸ボンベとつないでタップからビールを注ぐ――。

このとき乾杯して味わう黒ラベルのうまかったことうまかったこと。

今後はこのタップから、全国各地より調達したクラフトビールが注がれるのだと思うと、なんともいえない感慨が全身に満ちてきた。

第4章

小さな『ビビビ。』の
小さな出航

開店前に最後の取材で長野・青木村へ

『ビビビ。』のオープンが間近に迫ったある平日の昼下がり。僕は北陸新幹線で長野県上田市に向かっていた。目的地は長野県のほぼ中央に位置する、青木村という農山村だ。

ここに、東京から移住してビールづくりに取り組むご夫婦がいる。

オープンを告知してから、本当に多くの人からリアクションをいただいた。大半は、「飲みにいくよ」とか「楽しみにしてます」といった友人知人たちの声だったが、一方でこんな話をもらうことも意外と少なくなかった。

「知人がクラフトビールをつくっているので、紹介させてもらえませんか」

こうした引き合いが、僕だけでなく日比谷の元にもちらほら舞い込み、みんないろんなところでブルワーやマイクロブルワリーとの接点を持っているのだなと驚いた。つまりはそれだけ、クラフトビールが各地に根づきはじめているということでもある。

青木村の情報を僕にタレ込んでくれたのは、ここ数年、ライター業のほうでお世話になっているYさんという人物だった。「後輩が長野に移住してビールをつくりはじめたので、応援してやってください」と推薦されたのだ。

都会での暮らしを捨てて、一からブルワリーを立ち上げるというのは、非常にダイナミズムを感じさせる行動だ。何がその決断を促したのか、ぜひ直接話を聞いてみたい。

正直、こんなオープン間際の慌ただしい時期でなくても、もう少し落ち着いてから足を運べばいいのだが、〝直接取材したブルワリーのビールだけをタップにつなぐ〟という方針を固めた以上は、目新しいつくり手をひとりでも多く発掘しておきたい。

そこで「ダイヤモンド・オンライン」というウェブメディアにページを確保し、開店準備の間隙を縫って件のご夫婦に取材を申し込んだのだった。

Yさんから紹介を受けたのは、2021年に青木村に移住し、翌年からビールの醸造をスタートさせた中村圭佑さん・玲子さんだ。

東京で生活していたときは、夫の圭佑さんはフリーランスのデザイナーとして活躍し、妻の玲子さんは外資系企業に勤務する共働き世帯だった。多忙ながらも充実した日々を過ごしていたが、もともと夫婦揃ってスロウでストレスフリーな生活を送ることに憧れていたことから移住に踏み切り、「Nobara Homestead Brewery」を立ち上げたという。

JR上田駅に到着すると、軽トラックで迎えにきてくれた圭佑さんとご対面。ブルワリーまでは片道30分の距離だが、この道中、初対面とは思えないくらい話が尽きなかったのは、やはり移住や起業の体験談が、僕にとってそれだけ刺激的だったからだろう。

生まれたばかりの第二子を抱く玲子さんに迎え入れられ、インタビューを開始。群馬県出身の圭佑さんと栃木県出身の玲子さんが、地縁のない長野県に移住を決めたのは、ひとえに「役場の対応が良かったこと」と、ロケーションが理由だった。

なにより、かねてからビールづくりを夢見ていたふたりはこの地域にかつてホップを栽培していた歴史があることにも縁を感じたそうだ。

それにしても、現地を訪ねてまず驚かされたのはその広大な敷地である。面積はなんと、山間部を含めて1800坪。その一角に、住居として使っている母屋と離れ、そして醸造所が建っている。

圭佑さんに母屋の間取りを尋ねると、「どうなんでしょう。いまは間仕切りを取り払ってしまいましたが、もともとは1階と2階を合わせて18部屋くらいあったはずですが……」と曖昧な答えが返ってきた。東京では考えられないスケール感である。

さらに驚くべきは、これだけの敷地と家屋が、トータル600万円台で購入できたという事実。これも地方移住の大きな魅力だろう。

ちなみに醸造スペースは厩舎を改装したもので、ゆくゆくはここをタップルームとしてゲストを迎える場所にすべく、自前で少しずつDIYを進めているという。

ブルワリーとしての特徴は、この地で採れる四季折々の野草をビールの副原料に取り入れていること。インタビュー後にいくつかの液種をテイスティングさせてもらったが、どれも滑らかできれいな酒質が際立つものばかり。この自然豊かな環境なればこそ生まれたビールだろう。

もちろん、古民家を修繕しながら住環境を整えるのは大変な作業だし、その一方で子育てに追われてもいる。そのうえでクラフトビールを事業として成立させるのは、並大抵のことではないはずだ。

でもだからこそ、僕には中村さん夫妻の挑戦が美しく、魅力的に見えた。

ひと通りの取材を終えてから、僕は帰りがけにもうひとつの目的を口にした。

「まもなく代官山でビアバーを始めるんです。ぜひ初回のラインナップのひとつに、おふたりのビールを加えさせてもらえないでしょうか」

本来であればまずこの取材の原稿を仕上げ、ライターとしての職務を全うしてから相談すべきなのだが、とても待ってはいられなかった。そのくらい、Nobara Homestead Breweryが持つ物語とビールのおいしさに僕は惹きつけられてしまったのだ。

ライターではなくビアバー店主としての僕の申し出を、中村さん夫妻はとても喜んでくれて、『ビビビ。』のオープニングラインナップのひとつが確定した。Nobara Homestead Breweryは東京ではまだ知られざるブランドだけに、これはきっと大きな目玉になると確信した。

さらにこのとき、僕は夫妻にこうも伝えている。

「店の運営が軌道に乗ったら、お客さんたちと一緒に各地のブルワリーを巡るツアーをやりたいと思っているんです。そのときにはぜひ、この青木村を第一候補にさせてください」

この時点ではまだ雲をつかむような話だったけれど、それが意外と早く実現することになろうとは、当時の僕は夢にも思っていなかった。

近年、こうして都心部からローカルへ移住してマイクロブルワリーを立ち上げる人が増えている。そこには漏れなく得がたい物語が並走しているということを、僕はこの取材であらためて体感した。

その物語こそ、『ビビビ。』が今後ビールと一緒に発信していくべき大切な財産なのだ。

ロゴ入りグラスの調達に四苦八苦

オープンまで3日を切った。すでに店舗の内装やビアサーバーは完成し、ロゴや看板、そしてグラスウォッシャーなどの什器《じゅうき》も、どうにかひと通り揃った。

いささか苦労したのはグラスである。店にやってくるお客さんには、大小2種類のサイズでビールを提供したい。用意すべきは、パイントグラスとハーフパイントグラスだ。たとえば1パイントはイギリス式なら５６８ミリリットル、アメリカ式なら４７３ミリリットルで、日本のビアバーではざっくり５００ミリリットル前後のグラスが使われることが多い。

しかし『ビビビ。』は全10タップとそれなりに選択肢の多い専門店だから、おそらく小さめのサイズでより多くの種類を楽しみたい人が多いにちがいない。あるビアバーでは大が４６０ミリリットル、小が２８０ミリリットルのグラスを使っていて、僕らもこのあたりを目安に考えた。

そこで専門ショップが集まる浅草・かっぱ橋道具街に足繁く通い、形状や容量、そして原価と照らし合わせていくつかグラスの種類を見繕ってみた。

めぼしいグラスを手にし、それに琥珀色のクラフトビールが並々と注がれるようすを想像する。そしてお客さんがそれをおいしそうにひと口すすり、かたわらの僕が「そのビールはつい先日、長野県の青木村というところまで行って調達してきたものなんですよ」などと話しかけ、つくり手である中村さん夫妻の物語を伝える――。想像するだけで、なんて素敵なビアバーなのだろうとうっとりしてしまう。

しかし、こうしてリアルに想像すればするほど、何かが足りないと気がついた。ロゴだ。ビアバーのグラスには、たいていその店のロゴがプリントされている。『ビビビ。』もせっかく素敵なロゴをつくってもらったのだから、ぜひグラスにもプリントしたい。そのほうが圧倒的に見栄えがいいし、きっとお客さんはおいしいと思ったビールをどんどんSNSに投稿してくれるだろうから、宣伝効果も大きいはずだ。

ところが、ロゴ入りグラスがとにかく高い。厳密にいえば単価が高いというよりも、大量ロットでなければ採算が合わないのだ。

200個も300個も発注できるなら1個あたりのコストはそこそこ抑えられるのだけど、わずか8坪の店では過剰在庫にほかならないし、なにより総額が高くなりすぎる。

複数の業者に問い合わせて、可能性のありそうなところからは見積もりを取り寄せることを何度かくり返すも、いずれも当初の想定からかけ離れた金額ばかり。グラスに関しては、ちょっと考えが甘かったようだ。

巷《ちまた》のビアバーやブルーパブはどこも、涼しい顔をして小洒落たロゴ入りグラスを使っている（ように見える）が、じつはあのロゴには予想外のコストがかかっているのだ。

試しにいくつかの店で、「グラスにロゴ入れるの、めちゃくちゃ高くつかなかったですか？」と探りを入れてみた。すると店主はたいてい、「そうなんですよ」と渋い顔をするのだが、なかにはこんなことを言う店もあってハッとした。

「うちはオープンのときにクラウドファンディングをやったので、そこからコストを捻出しました」

なるほど。クラウドファンディングで集めた資金で大量につくれば、そのロゴ入りグラス自体を返礼品にも使えるし、じつに効率的だ。

僕らもクラウドファンディングをやる案がなかったわけではない。むしろ、初期費用を借り入れるよりも現実的な手段として、大真面目に検討していた。

しかし前章で開陳したように、初期投資が抑えられて借り入れる必要がなかったため、その選択肢は消えてしまった（というよりも、今後の別の機会のために取っておいた）。

結局、ここでも助けてくれたのはミヤタビールの宮田さんで、彼に紹介してもらった都内のガラス製品専門店が比較的安く、また、極めて時間のないなかで誠実かつスピーディーな対応をしてくれた。

参考までに記しておくと、小サイズのビアグラスは仕入れ単価が４５６円で、これをひとまず2ケース（48個）。大サイズのタブラーグラスは単価３１２円で、こちらは1ケース（18個）発注した。これにグラス2種類分の転写プリント加工費が2万３０００円、製版代が７１５０円、さらに特急料金1万円が追加される。合計金額6万４８０１円（税込）で僕らは66個のロゴ入りグラスを調達した。

いま振り返ってみれば、もっと早い段階でロゴ入りグラスの採用を決めていれば、余計な特急料金をかぶる必要はなかったし、あるいはクラウドファンディングを駆使する選択肢もあったかもしれない。

それでも、仕上がってきたグラスを見れば、僕も日比谷もそんな反省は忘れて思わずニンマリ。そのくらい、『ビビビ。』のロゴはビアグラスによく映えていた。

あれこれ備品の調達メモを作成

なお、こうしたグラスのほかにも、細かいものを含めれば必要な備品は枚挙に暇《いとま》がない。

営業をスタートしてから「あれがない」「これがない」となる事態は絶対に避けなければならないから、あらかじめ慎重に洗い出すようにしていた。

学生時代に経験した飲食バイトの現場を思い出しながらつくったのが、次のメモだ。

ダスター（テーブル清掃用）
お客様向けおしぼり？　割り箸？　カトラリー？
手洗い洗剤
食器用洗剤
漂白剤
タップ消毒用の薬剤
トイレ掃除用具一式
掃除機
簡易モップ？（クイックルワイパーでいい気も）
スタッフ用エプロン
ポスカやマジックなど
メニュー用クリアファイル

さらにここに、日比谷と店長マオの視点からもどんどん細かな備品が追加され、最終的にリストは倍以上に膨れ上がった。たとえばビアタップを分解洗浄する際の歯間ブラシとか、ビールをテイクアウトで販売する際のプラカップなど、細々としたものが次から次に必要になってくるのだ（代官山駅前の１００円ショップには本当に助けられた）。

また、少し値の張るものでいえば、Wi-Fiルーターや決済用端末、さらに店内に設置する防犯カメラなどがある。

ちなみに防犯カメラの導入は、わりと早い時期から決めていたことだった。

というのも、ジョインが決まっていた複数の女性スタッフから、「カメラがあったほうが安心」という声が上がっていたからだ。代官山はけっして治安の悪いエリアではないが、とくにランニングコストのかかるものではないし、僕らとしてもオーナー不在時の有事への備えとして、これは大賛成だった。

それから『ビビビ。』ではもうひとつ、店内の大きな備品として、毎日のタップリストを掲示するモニターが必需品だ。これについて説明する前に、記念すべき『ビビビ。』の初日ラインナップについて触れておこう。

開店記念ビール「シトラス珈琲ペールエール」

グランドオープンまでのカウントダウンが始まると、全国からビールの入ったケグが続々と届きはじめた。ケグとは、居酒屋などの軒先でよく見かける、ステンレス製のビール樽のことだ。クラフトビールは要冷蔵品だから、冷蔵庫が稼働するタイミングに合わせて、粛々と調達作業を進めていた。

ただ、世はビアフェスシーズン真っ只中とあり、夏場はどこのブルワリーも例外なく在庫不足に悩まされていて、ストック分を含めて十数種類のビールを用意するのは、思いのほか大変な作業だった。

それでも、結果的には目論見通り「北海道から沖縄まで」、そして「直接取材したことのあるブルワリーのみ」で構成された全10タップの初回ラインナップを完成させることができた。それも、これまでの取材で培ってきた関係性があればこそと自負している。

参考までに、記念すべきその10タップを記しておこう（No.はタップ番号。カッコ内はスタイル名／醸造元）。

No.1　IPA（IPA／東京・ミヤタビール）
No.2　Bonnogo（Hazy Pale Ale／青森・Be Easy Brewing）
No.3　バルビゾン（Saison／長野・Nobara Homestead Brewery）
No.4　ヴァイツェン（Weizen／北海道・North Island）
No.5　星空のポーター（Porter／沖縄・ヘリオス酒造）
No.6　笑ふ門には福来る（Belgian IPA／茨城・牛久醸造場）
No.7　Funk Ale（English Pale Ale／兵庫・IN THA DOOR BREWING）
No.8　ビビビ。オリジナル（Citrus Coffee Pale Ale／東京・イサナブルーイング）
No.9　アールグレイ（Fruit Ale／神奈川・ロトブルワリー）
No.10　シードル（Cidre／東京・ミヤタビール）

こうして見ると、クラフトビールというのが製品名もスタイルも地域も、非常にバリエーション豊かなジャンルであることがおわかりいただけるだろう。

拙著『日本クラフトビール紀行』や連載「ビールの怪人」で取材させてもらったブルワリーがずらりと出揃い、なかなか壮観だ。いつぞや、クラフトビールシザーズが催してくれた「ビールの怪人・タップテイクオーバー」（第2章参照）を思い出すが、これが今後は毎日続くのだと思うと身震いがする。

なお、まず真っ先にミヤタビールのIPAをつなぐのは以前からイメージしていたことで、クラフトビールに不慣れな人には、このキレイな酒質のビールを〝基準〟にしてもらえれば、他のビールの個性がより際立つのではないかと考えた。

また、本書でこれまでに触れたものでは、元アメリカ空軍爆弾処理班が仕込んだ2番、青木村の中村さん夫妻が仕込んだ3番、ビアサーバーについてアドバイスをいただいた牛久醸造場の6番などがしっかり初回からつながっている。

オープンに合わせてイサナブルーイングの千田さんが醸造してくれたのは8番で、コーヒーの風味をのせた柑橘系エールビールという、じつに変わったビールが仕上がった。

このスタイルを提案された際は思わずぎょっとしたけれど、クラフトビールの懐の深さを発信するのに打ってつけだろう。せっかくなのでこのビールはケグのほか缶にも詰めてもらい、ドラフトで味わうことも持ち帰って楽しむこともできるようにした。

最後の10番にはふたたびミヤタビールが登場。ただし、こちらはビールではなくシードル（りんご酒）である。

『ビビビ。』はクラフトビール専門店だが、ビールが苦手な人を置き去りにしないことはひとつの重要なテーマだった。数名のグループで『ビビビ。』を楽しんでもらう際、ビールが苦手な人が含まれていても手持ち無沙汰な思いをさせないために、シードルはいい落としどころではないかと考えた。

じつは、クラフトビールとシードルの親和性は高い。クラフトビールの多くは酒税法上は「発泡酒」に括られる酒類であり、かならずしもビール風の飲料である必要はなく、このシードルのように発泡酒の範疇でつくれるスタイルもしばしば登場する（というより、発泡酒のカテゴリーに収まるようブルワーがレシピを調整している）。

とりわけミヤタビールは昔からシードルの醸造に積極的で、多様な品種のりんごをビール酵母で醸す、甘ったるさのないドライなシードルづくりには定評がある。

僕らの友人知人のなかにも、「お酒は好きだけどビールは苦手」という人は少なくないので、そんなみなさんにも『ビビビ。』を楽しんでもらうために、ビール酵母で仕込んだシードルは良い飛び道具になると直感していた。

さて、こうしてビアタップにつながる10個のラインナップをどう掲示するか。これこそがビアバーにとって大きなアイデンティティといえる。

10タップの内容は固定ではなく、各ケグの中身が払底するたび別のビールに入れ替わる。つまり下手をすれば日替わりで更新を強いられるのが厄介なポイントではある。

そこで、たとえば店内に黒板を設置し、タップリストが更新されるたびにチョークやポスカで書き換えたり、そのつどプリンターで印刷して店内の随所に置いておくなどのパターンが王道となる。

では、『ビビビ。』の場合はどうするかというと、何度も話し合った結果、日比谷のアイデアで壁面に大型ディスプレイを設置し、画面とプリントの二段構えでお客さんにタップリストを見てもらうことに決まった。ちなみに最近は地デジなどに対応しないシンプルなモニターであれば、50インチでも5万円前後で購入できるのだ。

そして、ロゴなどをお願いしたデザイナーに、タップリストのフォーマットデザインを依頼。そのデザインを「グーグルスライド」というアプリケーションに落とし込み、スプレッドシート上のデータベースを書き換えれば、自動的にモニター上のタップリストの内容もすげ替わる仕組みを日比谷がサクサクとつくってくれた（彼は元エンジニアなので、こうした作業はお手の物なのだ）。

こうしてひと通りの体制は整ったものの、いきなり生身のお客さんを迎えるのはやはり不安がある。そこで僕らはグランドオープン前夜の2023年9月28日（木）に、レセプションの機会を設けた。施工やデザイン、各種手続きや調達など、ここまでさまざまな角度からお世話になったみなさんと一部のメディア関係者に招待状を送り、オープン前に『ビビビ。』のビールを自由に飲んでもらうことにしたのだ。

これは純粋に、ついに開店まで漕ぎ着けられたことに対する各方面への感謝の表明でもあり、「こういう店舗ですよ」という顔見せ的なイベントでもあるのだが、それ以上にこちらサイドの実践練習という意味合いが大きかった。

オペレーションは完全にバーテンダーまかせだったデュランバー時代とちがい、『ビビビ。』では僕も積極的に現場に介入する必要がある。ビールを注いだりグラスを洗ったり、その他のバッシング（空いたグラスを下げる作業）や清掃といった一連の業務に、自分も早く慣れなければいけない。

レセプションは18時から21時までの3時間。この日は店長マオがメインでカウンター内に立ち、僕と日比谷は来客対応をしつつ随時オペレーションのヘルプをする布陣。宮田さんをはじめとするブルワーも複数集まってくれて、じつに賑やかな夜になった。

ここで得た学びは多い。たとえばあるブルワーからは、ビール提供の際のグラスの取り回しについて、その場でいくつか有用なアドバイスをいただいた。そのひとつが、グラスにビールを注ぐ際、先にウオッシャーで少し水をくぐらせたほうがいいというものだ。これはグラスを冷やし、さらに細かな塵《ちり》などを排除するためである。

印象的だったのは、「そういう細かいところほど、オタクにけっこう突っ込まれるものなんですよ」と苦笑気味に言われたことだ。クラフトビールというのは、どちらかといえばマニアックな分野なので、なかにはうるさ型の愛好家もいて、店員のオペレーションに厳しい目を向ける人も多いのだという。

また、店員相手にビールの知識でマウントを取ろうとする人が散見されるというのも、のちのち意外と厄介な問題になるのかもしれない。十数名集まったスタッフのなかで、クラフトビールに精通しているのはこの時点でほんの1、2名。基本的に、スタッフより詳しい客が少なからずやってくる状況を想定しておくべきだろう。

そこでスタッフ向けのオンラインマニュアルに急きょ、ある一文を追加した。タップオンしている10種類のビールそれぞれについて何らかの質問を受けた際には、「知ったかぶりは禁物！　背伸びをせず、『私は詳しくないんです、すみません』と答えること」。

また、より多くの人にクラフトビールのファンになってもらうための工夫のひとつとして、『ビビビ。』の公式ブログを開設し、その日のタップオンしている各ブルワリーの概要をコラムにして発信することにした。

店内の随所にQRコードを配し、1番タップから10番タップまでそれぞれどのような地域のどのようなブルワリーなのか、そしてつくり手の物語を600〜800字程度の原稿にまとめて、公開している。

コラムを書くのはもちろん僕の役目。新しいビールがつながるたびにタップリストは更新されるわけで、そのつどコラムを書き足さなければならないのはそれなりに大変だが、過去にどこかのメディアで執筆した記事を下敷きにできるのは僕のアドバンテージだ。

オープン後、ビールを飲んでいるお客さんがおもむろにコラムにアクセスし、つくり手の背景をじっくり読みながら味わってくれるようすをたびたび見かけるのがなんともうれしい。

ついに迎えたグランドオープン

この時期はもう本業はそっちのけ。最低限の連載やレギュラー仕事だけをこなし、その他のエネルギーは『ビビビ。』の作業に全振りしていた。

あたりまえのことだがフリーライターは完全なる出来高制だから、僕はこれから少なくとも数カ月にわたって収入を大きく落とすことになる可能性が高かったけれど、その不安よりも、日比谷尚武という親友と共に、小規模ながらも新しい事業をひとつ生み出した満足感が勝っていた。

これから『ビビビ。』がどうなっていくのかは誰にもわからない。しかし、約10年前ミヤタビールとの出会いをきっかけにクラフトビールの分野にハマり、本を書いたり連載を持ったりするようになった末、ついにはこうした専門店の出店に至った流れには何やら運命的なものを感じる。

その意味で『ビビビ。』はおそらく、今後も僕のなかで大切な軸を担う事業でありつづけるのだろうと、確信めいた予感があった。

もっといえば、フリーライターとしての本業が揺らぐ前にこうしてあらたな一手を打つことができた意味は大きい、と思う。

世の中では「老後2000万円問題」が話題になって以降、先行きを不安視する同世代が激増しているが、だったらいまのうちからさまざまな可能性を模索しておくべきだろう。言い換えればこれは、たしかな食い扶持があるうちに、安全圏からチャレンジすることであり、僕にとって『ビビビ。』はそういう施策のひとつなのだ。

そして、グランドオープンの日がやってきた。開店前から次々に祝いの花が届く。なかには予期せぬ人からのものもあり、ただただ感激するばかり。混雑が予想される初日だけに、カウンター内は昨日に引きつづき店長マオと、金曜担当イシイのツーオペ体制とした。

開店時刻の18時より少し前から、ガラス扉の向こうに人影が見える。急き立てられるように準備の手を早め、18時になるのを待って看板の照明をオン。記念すべきひとり目のお客さんは、僕が長らく本業でお世話になっている編集者、Kさんだった。

店長マオが初オーダーを受け、イシイがビールを注ぐ。僕も自分のビールを用意して、Kさんと乾杯。Kさんはデュランバーにもよく来てくれていたので、こうして新しい店で酒を酌み交わすことができたことがなんだか感慨深い。

雑談に興じている間にも、続々と来客があった。基本的には僕か日比谷の知人、あるいは共通の友人が中心で、8坪の店内はあっという間にパンパンになった。

新しい店舗の船出を、自分のことのように喜んでくれる人。

この日のために醸造されたオリジナルビールを、物珍しそうに楽しむ人。

久しぶりに顔を合わせ、積もる話で盛り上がる人。

本当にいろんな面々が思い思いのスタンスで『ビビビ。』に集まってくれて、本来は閉店時刻であるはずの23時を回っても、店内はにぎやかなままだった。

結局、すべてのお客さんがはけて閉店作業を終えたのは、深夜2時過ぎのことだった。

心地の良い疲労感。昂揚した気分をクールダウンさせるために、僕はタクシーに乗って学芸大学のなじみのバーへ向かい、遅すぎる晩ごはんとウイスキーを口にしながら、バーテンダーに初日の活況を語らずにはいられなかった。さぞ鬱陶《うっとう》しかったことだろう。

ようやく帰宅して就寝したのはもう未明。じつに濃密な初日であった。


週末ということもあり2日目、3日目もオープンからクローズまで盛況だった。

この土日は日比谷の周囲のスタートアップ関係者や広報関係者、僕が懇意にしている飲食店関係者の来店が目立った。デュランバー時代の相棒マツムラも顔を見せてくれて、僕の新天地がにぎわっているのを自分のことのように喜んでくれた。

この週末の特筆すべきトピックのひとつは、愛媛県松山市「DD4D BREWING」のあらたな試み、「ラベル小説」シリーズのリリースだろう。

DD4D BREWINGは、松山市のアパレルショップの中に誕生した異色のブルワリーで、世に送り出すビールがことごとく評判を呼び、いまでは市内に大きな別工場を建てるまでになった四国の雄である。代表の山之内圭太さんとは、数年前に愛媛放送が仕込んだクラフトビールを題材としたネット配信番組で共演し、以来、懇意にさせていただいている。

その山之内さん率いるDD4D BREWINGがこのタイミングで、3種の缶ビールそれぞれのラベルに、地元の作家が書き下ろした3パターンのショートショート小説を載せて売り出すという、ユニークな企画を講じた。それが「ラベル小説」シリーズだ。

つまりは〝ビール×物語〟がコンセプトで、奇しくもこれは『ビビビ。』にもそのまま重なるもの。リリースの情報を聞きつけた僕は、すかさず山之内さんに「ぜひ『ラベル小説』シリーズを『ビビビ。』で販売させてほしい」とお願いした。すると山之内さんの粋なはからいで、本来の発売日より少し早く、9月30日（土）の16時から『ビビビ。』で「ラベル小説」シリーズを先行販売させてもらえることになったのだ。

オープン直後の喧騒の中、期せずしてこうしたカルチャーの香りのする企画が彩りとして加わったのも、おもしろい展開だった。

予想以上の売上げから一転、ノーゲスの惨事

グランドオープン期間の売上げを振り返ってみると、初日（29日・金曜）が15万9950円、2日目（30日・土曜）が13万7120円、3日目（10月1日・日曜）が12万4820円（いずれも税抜）というデータが残っている。

トータルで40万円超の売り上げがあったわけで、ご祝儀特需とはいえ予想以上の数字

だった。たしかに僕自身も膨大な量のビールを注ぎ、グラスを洗いまくった3日間だった。ひとまず『ビビビ。』は順調な船出といっていいのだろう。

ところで、オープンに際して僕らは、宣伝らしい宣伝をとくにしていない。僕と日比谷、そして店長マオがそれぞれ個人のSNSで告知をしたほかは、インスタグラムやグーグルマップ上でアカウントを開いた程度。

少なくとも最初の3日間に関しては、友人知人だけでごった返すことが想定できたので、あえてそうしていた部分もあるけれど、まあ普通に手が回らなかったのが真相だ。

通常営業になる10月2日（月）以降が正念場だったが、しばらくは週末の混雑をあえて避けていた人たちや、近隣の飲食店関係者、さらには通りがかりの一見客も立ち寄ってくれて、『ビビビ。』はそれなりに賑やかだった。

驚いたのは、真裏にあるスプリングバレー・ブルワリーの社長がやってきたことだ。偵察ということでもないのだろうが、DIYの産物である僕らのビアサーバーを物珍しそうに眺めていた。

このスプリングバレー・ブルワリーからはその後も、スタッフの方々が休憩時間や退勤後に寄ってくれるなど、思いのほか良好な関係が築けているのが楽しい。

また、何の宣伝もできていないうちから、ちらほらクラフトビールマニアがやってくることにも驚いた。聞けば、「どこそこのブルワリーの投稿で知りました」とか、「ハッシュタグを追っていたら『ビビビ。』のアカウントにたどり着きました」といった人が多く、あらためてSNSの拡散力を実感した。なかには「イサナブルーイングのオリジナルビールが飲めると聞いたので」と言う人も。恐るべしマニアの情報網。

他方、僕らの友人知人には、『ビビビ。』のオープンがクラフトビールと向き合うきっかけになったと言ってくれる人も多くて、これもうれしい展開だった。

マニアだけが集まるのではなく、在野の酒好きが自然に楽しんでくれて、気がつけばそれぞれのつくり手への興味を膨らませていくような空間がつくりたかった。

僕らにとっての最初の壁は、グランドオープン翌週の日曜日にやってきた。

この日の早番（14時30分～19時）は、ウチダとマメコの2名がシフトインしていた。ゆくゆくはワンオペで回すことをめざしているが、この時期はまだ初シフトのスタッフが多く、僕や日比谷、店長マオが付き添うかたちで順次、研修を進めていた。

最年少のウチダについては前章でも少し触れているが、社会人1年目の会社員なので基本的に土日・祝日に限った登板だ。

一方のマメコは、日比谷が連れてきた広報業務を請け負うフリーランス。店長マオもそ

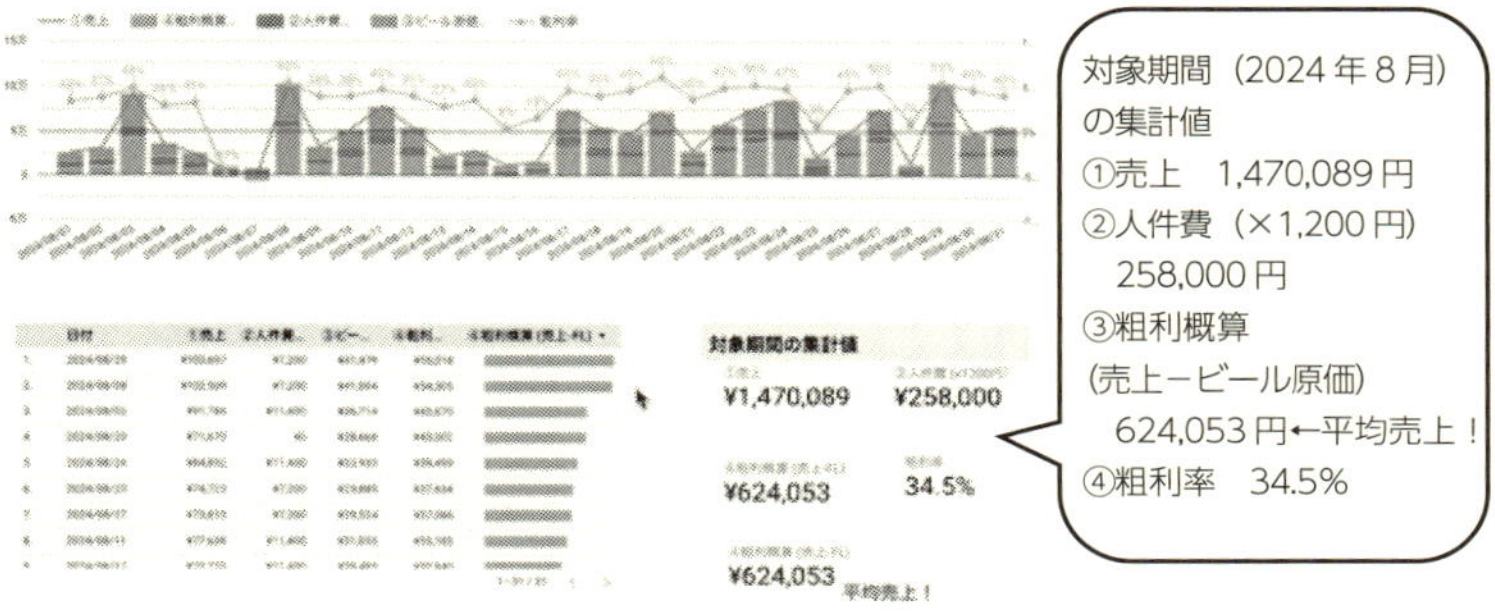

2024年8月の売上集計から、おおよその平均粗利を62万円と導き出した

うだが、日比谷の知人にはフリー広報という職業が多い。僕はウチダとマメコとはこの日が初対面で、お客さんを含め3人でわいわい営業できるのを楽しみにしていた。

……のだが、15時に店を開けてもまったく客が入る気配がない。

最初のうちはふたりにオペレーションをレクチャーする時間が取れたのでむしろよかったけれど、1時間経っても2時間経っても人っ子ひとり来やしない。

そのうちしびれを切らしたマメコが店頭に出て、前を通りがかる人たちに声をかけてみたりもしてみたが、残念ながら効果はなし。『ビビビ。』の真向かいが手づくりペットフードの専門店であることに着目し、急きょ入口に「ペットOK！」と掲示してみたが、やはりこれも効果なし。

結局、ノーゲスのまま19時を迎え、早番担当のマメコはついぞひとりも接客することなく初日のシフトを終えてしまったのだった。

幸い、20時前後になってようやくちらほら客足があり、遅番まで残ったウチダのいい研修になったのは救いだったけれど、この日の売上げは1万8780円。人件費を踏まえればしっかり赤字である。

まあ、水商売なのだからそういう日もあるだろう。これはデュランバーでもさんざん味わってきたことで、〝待ち〟の営業の難しいところでもある。

しかし、日曜日の代官山には本来もっとポテンシャルがあるはずだ。オープン特需で浮かれていたところに、冷水を浴びせられたような1日だった。

クラフトビール用語「打ち抜く」

オープンからしばらくは僕も毎日、開店から閉店まで店に張り付いていた。やはり本業はそっちのけである。

10月の下旬には、代官山商店会が主催する地域の名物イベント「代官山ハロウィン」に

『ビビビ。』も参加した。店長マオ、スタッフ・ウチダと3人体制で、地域の子どもたちが扮する小さなモンスターたちを迎え撃ち、用意しておいたお菓子をひたすら配る。少しでも宣伝になればいいし、これからは商店会の一員としてこういう機会が増えるのだろう。

まさか50歳を前に立ち仕事をやることになるとは夢にも思わなかったけれど、その反面、この歳で新しいことを覚える楽しさもあった。ケグのつなぎ方、ビアタップやホースの洗浄、決済端末の操作法などなど、『ビビビ。』がなければ一生知らずにいたであろうことは数知れない。

スタッフのみんなも、意外と戸惑うことなく『ビビビ。』での作業にアジャストできているようすだ。これもオペレーションをできるだけ簡略化した賜物だろう。

ひとまず決済、ビールのサーブ、洗い物の3点だけ覚えれば、営業は最低限まわる。これにあとは開店作業と閉店作業をマスターしてもらえれば、1日まるごとワンオペで任せられることになり、まずはそういう人材をひとりでも多く育成することが目標だ。

他方、空になったケグの入れ替えや、ビアタップの洗浄などは僕の仕事。洗浄にもいくつかのレベルがあり、ひとつのケグが払底したら、すぐに水を通してホース内にこびりついたビールをすすぐのがレベル1。取り扱い注意の薬剤でしっかりホース内を消毒するのがレベル2。そして数週間に一度おこなうビアタップの分解洗浄がレベル3といったところか。これも段階的に、スタッフのみんなに覚えてもらわなければならない。

ちなみにこの時期、お客さんからよく物珍しがられたのが、「打ち抜く」というクラフトビール界の用語だ。

「すみません、何番タップは先ほど打ち抜かれてしまいまして」

売り切れたビールのことを、僕らはそう表現する。これはおそらくどこのビアバーでも使っている言葉で、「打つ」は酒屋の一角でちょい飲みをする「角打ち」の「打ち」と同じものだと僕は勝手に想像しているけれど、由来は不明だ。

なお『ビビビ。』では、オーダーしたビールが規定の分量を注ぐ途中で打ち抜かれてしまった場合、お代は無料という〝打ち抜き特典〟を用意している。といってもキャッシュオンスタイルだから、たいてい先に支払いは済んでいるため、「どれでもほかのビールを1杯、無料にいたします」とやるのがいつものパターン。これが意外と盛り上がる。

オープンから2週間もすると、ちらほらとリピーターが現れるようになった。『ビビビ。』では1週間も経てばタップリストががらりと変わる。個性的なラインナップに注目してくれた人が、あらたなビールとの出会いを求めて再訪してくれるようになったのはうれしい兆しだ。

僕としては、「ほかの店では見たことのないブルワリーばかりですね」とか「どこそこのビールがつながってるの、ヤバいっすね」などと言ってもらえるのが無上の喜びで、「ありがとうございます」と返しながら内心いつもニンマリしている。

実際、『ビビビ。』を始めてからはとくに、ほかのビアバーのタップリストを注意してチェックするようにしているけれど、やっぱり我々のタップリストはかなり独特だ。巷《ちまた》で人気のブルワリーのビールをラインナップに加えれば、もっと集客や売り上げアップにつながるのかもしれないが、それで没個性的な店になるのは本意ではない。どこでも見かける人気銘柄はよそで飲んでもらうとして、『ビビビ。』ではぜひ、僕らが全国各地で見つけてきたユニークで腕のいいブルワーたちと出会ってほしい。その一心で、僕は店でのオペレーションのかたわら、日々在庫管理と調達作業に明け暮れていた。

そのうち初来店のお客さんでも、その雰囲気からクラフトビールマニアかそうでないかがわかるようになってきた。というのも、このジャンルに明るい人というのは、店内の大型モニターに映るタップリストを眺める目つきが熱いのだ。ただリストを俯瞰《ふかん》するのではなく、ブルワリーやスタイルをていねいに読み解き、どういう順序で飲もうか思案する表情を、こちらも敏感に察知できるようになってきた。

そういうお客さんとは当然、話が弾む。店員というよりもクラフトビールファン同士、最近の注目ブルワリーなど情報交換に興じることも多く、僕がまだキャッチしていない新情報が得られることも少なくない。

しかし、好事魔多し。あるとき、初来店のクラフトビールマニアの女性と話し込んでいる最中に、無造作にショーケース冷蔵庫に手を突っ込んだところ、棚板に激しく右手の薬指を殴打し、怪我をしてしまった。

お客さんの手前、何事もなかったかのような顔をして話を続けていたが、薬指の第二関節あたりがじんじん痛み、次第に腫れて変色しはじめた。たぶん捻挫のレベルではなく、折れたかひびが入っていたのだろう。

まだ店から離れられる時期ではなかったので、病院にも行かず翌日以降も代官山に通いつづけたが、ケグなど重いものを持ち上げるときに激痛が走るので難儀した。

こういう注意力散漫なところは子どものころからまるで変わらない。ファミレスの厨房でアルバイトをしていたときも、話に夢中でよく切り傷や火傷《やけど》をしていたのを思い出した。

この薬指の痛みは結局、その後1、2カ月ほども続いた。気を抜くなよという神様のおぼし召しだったのかもしれない。

第5章

店舗は生きている。
変わりつづけて前へ

クラフトビール専門店ならではの事務仕事とは

スケルトン時の内壁の白さを活かしつつ、とりあえず最低限の装飾でスタートを切った『ビビビ。』は、営業を続けながら、その後も少しずつ細かな部分に手を入れていった。

といっても、これに関してはＤＩＹの得意な日比谷にすっかりおまかせだ。

気がつくとカウンター内には使い勝手のいい棚が増え、トイレの壁には小洒落た壁紙が貼られている。クラフトビールの缶や空きボトルも陳列され、どんどんビアバーらしいたたずまいになっていった。日々アップデートしていくようすを眺めるのは楽しい。

また、店長のマオがシフトに入った翌日には、冷蔵庫内にあらたな仕切りトレイが導入されていたり、洗い場まわりがきれいに整頓されていたりして、彼女もまた頼もしいことこの上ない。僕はこうしたＤＩＹや整理整頓が大の苦手なのでなおさらだ。

そういえばデュランバー時代も、マツムラがカウンターを自分で塗り直しているのを見て感心したものだ。店舗運営はＤＩＹに長けた人材がいると大きな経費節減になる。

『ビビビ。』の事業で生じる事務仕事についても、簡単に触れておきたい。

ここでも僕と日比谷のあいだで、いつの間にか役割分担ができ上がっていた。財務会計や労務関係は日比谷が、商品調達やそれに紐づくコンテンツ管理は僕が、という具合だ。

従来の飲食店なら、各種伝票を仕分けたり売上台帳をつけたりといった、わりと地味な作業が財務会計の大きな比重を占めるだろう。しかし僕らの場合は現金を排除し、すべて端末式の決済システム（Square を採用した）を通すので、このあたりはだいぶ効率化できているように思う。

労務面については、そこそこの人数のスタッフを抱えているため勤怠管理がちょっと煩雑なのだけれど、スプレッドシートで月々のシフトと実際の稼働状況を管理しながら、日比谷のほうで処理してもらっている。

ではクラフトビール専門店としては、ほかにどんな事務仕事が必要になるのか？

あくまでも僕らの場合だが、少し説明しておくとこんな感じだ。

僕が毎朝、自宅のパソコンに向かってまずチェックするのは、決済システムから毎晩自動で送られてくる売上げ報告メール。完全キャッシュレスの恩恵で、売上げのすべてがこの日報的なメールに集約されている。つまり、これを見れば前日にどのビールがどれだけ売れたのかが明らかで、それが今後の調達プランの検討材料になる。

次に運営管理用のスプレッドシートを開き、現在の調達&納品状況を更新する。このシートは各商品の調達日や調達ルート、発注日、納品日などを共有するために設けたもので、僕が調達や在庫調整を、日比谷が納品書や請求書のチェックを担っている。

ちなみに調達ルートは僕らの場合、酒販店経由ではなく「ブルワーに直接注文」するか、「業務取引サービス」を使うかの二択だ。基本的には直接面識のあるブルワーとの取引が中心なので、メールやＬＩＮＥでざっくばらんに注文することも多いけれど、そうでない場合はクラフトビール専門の業務取引用プラットフォームを利用する。

後者のメリットは、在庫状況がオンラインで確認でき、24時間いつでも発注できることと、サービス側が請求書を月単位で取りまとめてくれることだ。

なお、ビールの注文は数日後のタップリストのバランスをイメージしておこなう必要がある。これをサボると、提供できるビールの取り合わせが崩れてしまうのでそれなりに気を遣う。実際に何度かやらかしているのだが、せっかく10タップも備えているのにＩＰＡがひとつもない偏ったラインナップになってしまったり（それはそれで個性的でいいという声もあるけど）、在庫が不足して6タップしかビールがつながっていなかったりといったことがあると、調達担当としてはちょっと反省モードだ。

だったら常に在庫を多めにストックしておけばいいじゃないかと考える人もいるかもしれないが、物理的なキャパシティがそれを許さない。『ビビビ。』の冷蔵庫はサイズ的に、タップオンする10樽のほか、ストックしておけるのはせいぜい4～5樽程度。タイミングによってはひと晩で3〜4タップが一気に打ち抜かれることも珍しくないから、これはわりとギリギリの在庫量なのだ。

タップリストの保守管理も大切な事務仕事のひとつだ。前日に〝打ち抜かれた〟ビールがあれば、それをタップリストから消し、次につなぐあらたなビールの情報を入力する。いわばタップリストの編集タイムで、僕としてはまさにこれがやりたくて『ビビビ。』を始めたようなものである。

毎朝、タップリストを眺めながら「うーん、じつに個性的なラインナップだな」と悦に入り、「次はこのビールをつなぎたい」とか、「このビールがタップオンしたら、大きな反響があるだろうな」などと考えるのは、とにかく幸せなひと時だ。

朝っぱらからオッサンがニヤニヤしながら画面に見入るようすは、とても他人に見せられたものではないが、ビールの入れ替えがある日はこの作業に意外と時間をとられる。

タップリストに商品名やスペック（醸造所名やスタイル、アルコール度数など）、紹介文を入力し、さらに値付けをして決済システムにメニューを追加。また、それが初取引のブルワリーのビールであった場合は、ブログにそのブルワリーのページをつくって解説コラムを執筆する。コラムの執筆はほかのクラフトビアバーにはない仕事だが、これが最高に楽しい。

インスタとグーグルマップを最大活用する

ＳＮＳの運用もきょうびの飲食店にとっては欠かせない業務だ。『ビビビ。』の場合、いまのところホームページは設けておらず、インスタグラムのアカウントが対外的な公式窓口となっている。

店をやるならまずホームページを開設しなければ、と考えるのはちょっと古い。ホームページはつくっただけでは機能せず、むしろＳＥＯ対策（検索エンジン最適化）や更新作業など余計な手をかける必要が生じるので、効率の悪い面があるのだ。

よほど手広く多店舗展開するなら話は別だが、個人店ならＳＮＳアカウントをしっかり管理すれば、ひとまず十分だろう。このほうが手軽かつ効果的で、『ビビビ。』でも実際、インスタグラムで存在を知ってくれた新規客の来店が非常に多い。

なお、ここでも日比谷との間に役割分担が自然に生まれた。前夜の営業風景やあらたにタップオンしたビールなどの写真を添えて、「今日も何時から営業します」と毎日ポストするのは僕の役割。最近はインスタグラムで営業確認をするお客さんが多いので、この作業は意外と重要だ。とくにコロナ禍以降は営業時間や休業日が不規則な個人店が増えているから、公式アカウントを極力アクティブな状態に保ち、いかに最新情報をわかりやすく発信できるかは客足に直結する。

一方、そのインスタグラムに届くメッセージへの対応や、我々のアカウントにメンションを付けて投稿してくれたお客さんへのお礼の投稿などは日比谷の役割だ。どこかのブルワリーから売り込みがあったり、店に忘れ物をしたお客さんから問い合わせがあったり、コミュニケーションの窓口としてこちらもけっこうアクティブだ。

いまのところあまり積極的に運用できているとはいえないけれど、一応、X（旧ツイッター）にもアカウントは開いていて、こちらは〝ツイ廃〟（ツイッターへの依存度が高い人を指す俗語）を自称するバーバラという女性スタッフにおまかせの状態だ。なんだかんだ言われていても、まだまだ拡散力にすぐれたXの有効活用は、今後の『ビビビ。』の課題かもしれない。

さらに夕方には、開店時刻に合わせてインスタグラムのストーリーズ（24時間で自動的に消える投稿）に、オープンの報告とその日のタップリストをアップするようにしている。

おおよそここまでが僕らのSNS運用の全容だ。

また、新規客の呼び込みという点で、グーグルマップがいかに効果的かを体感したのも個人的に大きな学びだった。

ビビビ。

BEER BEER BEER

いまの時代、現在地からリアルタイムで飲食店を探すのにもっとも使われているのがグーグルマップ。「食べログ」や「ぐるなび」もいいが、現在地を起点に店を探すにはやはり地図アプリが最強だ。臨時休業などのイレギュラーをいちいちグーグルマップに反映させている店はまだ少なく、こちらもアクティィブにしておくことでより効果を発揮する。とくに代官山界隈は外国人観光客の往来が多く、土地勘のない彼らがふらりと『ビビビ。』に立ち寄ってくれるのは、たいていグーグルマップのありがたいお導きによる。

ただ、グーグルマップに登録する際に問題になったのが、店名の表記だった。『ビビビ。』を外国人向けに英語表記する際、どういうスペルを用いるべきか。

普通にやれば『BiBiBi』なのだろうが、『ビビビ。』の「ビ」はビール（beer）のビだから、なんだか違和感がある。かといって『BeBeBe』も日本人の感覚からすると「べべべ」となりかねない。日比谷と話し合った末、『BEER BEER BEER』とすることで着地。これなら外国人にもビール屋であることがひと目で伝わる。店のロゴにもこの文字列を添えることにした（上図参照）。

日本最北のブルワリーで樹液のビールを

「北海道にある、美深白樺《びふかしらかば》ブルワリーって知ってる？」

ある日、月2回設定している定例の経営会議で、日比谷がおもむろに言った。

経営会議は毎回オンライン（Ｚｏｏｍ）で1時間ほど。店舗運営に関する細かな打ち合わせや情報共有、売上げチェック、あらたな企画の相談など、『ビビビ。』について全方位的に話し合うための時間にしている。

「知ってるもなにも、いまいちばん取材してみたいブルワリーだよ。なんで？」

「大学の先輩筋がやってるブルワリーらしくて、ぜひ紹介したいって言われてるんだ」

「なんと！　それはラッキーだな。すぐ現地へ行こう」

自営業同士だから話は早い。たがいの予定さえ合えば平日でもすぐに動けるのだから。

美深白樺ブルワリーは、道北の美深町で２０１９年からビールを醸造している、いまのところ日本最北のブルワリーである（間もなく稚内《わっかない》に新しいブルワリーが立ち上がる予定）。その美しい地名のインパクトもさることながら、「白樺」の2文字が示すように、地域の名産である白樺の樹液を副原料に用いているのが大きな特徴だ。

本来であれば雑誌で「ビールの怪人」を連載していたときに取材をしたかったのだが、北海道在住の知人から「美深白樺ブルワリーへ行ってきたよ」と写真を見せられた際に、思いのほか雪深い風景が写っていて、内地の人間にはちょっとハードルが高そうだと二の足を踏んでいた。

ところが、こうして思いがけず縁がつながるのだからおもしろい。季節はまもなく晩秋。ピーク時にはマイナス20度を記録する厳寒の地だけに、このタイミングを逃すとまた腰が上がらなくなってしまいそうだ。善は急げ。すぐに日比谷から件の先輩に連絡をとってもらい、僕らは11月頭に道北へ飛んだ。

美深町までは旭川空港からレンタカーで約2時間。JR宗谷本線の美深駅周辺にはバーのひとつもなさそうだったので、その少し手前の名寄《なよろ》駅近辺にビジネスホテルを取り、いったん荷を解いた。名寄駅から美深駅まではバスで30分ほどの道のりだ。

念願の美深白樺ブルワリーに到着したのは16時過ぎで、周囲はもう日没ムード。建物は築90年超のレンガ倉庫を改築した瀟洒なたたずまいで、その中にブルワリーとレストランが併設されている。ブルワーの高橋克尚《よしなお》さんに迎えていただき、さっそく美深白樺ブルワリーのビールを味わいながら、美深町と同ブルワリーの事情をあれこれ拝聴する。

美深町は白樺の群生地で、その木々が冬のあいだに雪解け水をたっぷりと吸い上げる。

そして春先にその幹から樹液を抽出したものが、地域の名産になっている。これまでは主に化粧品の原料として出荷されていたそうだが、あらたな商材を開発しようと立ち上げられたのが、このクラフトビール事業だった。

高橋さんは東京の生まれで、誰もが名を知る大手IT企業に長く勤めてきた。しかし、たまたまバイク旅行で訪れたこの街で現在のオーナーと出会い、クラフトビール事業のアイデアに惹かれて移住を決意。40代後半にして1からビールの醸造を習得し、美深白樺ブルワリーの代表に収まった。穏やかな物腰からは想像できないダイナミックな人生だ。

また、慶應幼稚舎からのエリート育ちながら、中学校を4年、高校を4年、大学を7年通った剛の者。同窓の日比谷にとっては、本来は先輩にあたるはずが、卒業するころには追い越して後輩になってしまったのだという。これぞまさしくビールの怪人である。

移住以来、ビールづくりだけでなく美深町の地域課題とも真摯に向き合いつづけている高橋さん。現在は「こっちに来てから知り合った人にタダでもらった」という7SLDK（！）の住宅でひとり暮らしをしながら、美深町を盛り上げようと頑張っている。

美深白樺ブルワリーで醸されたビールの特徴は、美しい酒質と滋味深さにあると僕は思っている。白樺の樹液のなせるわざなのか、はたまたこの地の環境と高橋さんの腕によるものか。おそらく両方なのだろうが、こうして現地取材が実現したことで、同社のビールを代官山で提供することができるのが何よりもうれしい。一つひとつ出会いを重ねるたびに、『ビビビ。』のタップリストは多様に進化していくのだ。

この夜、最後に高橋さんから「ぜひコラボビールをやりましょうよ」と言っていただけたのは僥倖だった。好奇心旺盛な日比谷も当然ノリノリで、年が明けた2カ月後に、あらためて醸造作業に合わせてお邪魔する約束をした。

長らく美深白樺ブルワリーに憧れていた僕には、夢のような展開だった。次回はきっと、一面銀世界の美深町が見られるにちがいない。喜んで雪をかき分け馳せ参じたい。

コラボレーションビールとは何か

ここで、クラフトビール業界特有の〝催事〟であるコラボレーションビールについて少し触れておこう。

広義には、A社とB社が共同でビールを仕込むのがコラボビールだ。A社とB社はブルワリー同士のこともあれば、ブルワリーとビアバーのこともある。最近ではさらにC社を加えた3社コラボのパターンも増えてきた。

僕らのようなビアバーの場合、どこか特定のブルワリーと組んで、レシピを相談しながらオリジナルビールを仕込むのが王道だ。『ビビビ。』のオープンに合わせて東京・昭島市のイサナブルーイングに仕込んでもらったのもそれに当たる。

問題はその際のキャッシュフローで、原価をどちらが負担し、利益をどう按分するかという点は、僕もこうして当事者になるまで疑問に思っていたことだ。

結論からいえば、僕ら店舗側には原価に関わる持ち出しはない。いくらかのレシピ開発料を負担するケースもあるようだけど、出費らしい出費といえば、昭島市なり美深町なりへ打ち合わせや醸造立ち会いに出向く交通費くらいのもの。麦芽やホップ、副原料に関してこちらに請求が来ることは、基本的にはないと考えていいだろう。

ただし当然、仕上がったビールの大部分は僕らが仕入れることになる。ブルワリーでかかった原価は卸値（仕入値）に反映されるわけで、つくり手としては通常の醸造とフローはあまり変わらず、レシピに他者（この場合は僕ら）の意見やコンセプトを加味する点が異なるくらいだろう。

醸造したビールの売り先がある程度事前に確定していることは、税務署から年間最低製造量を規定されているブルワリーの側からしてもメリットになる。そして僕ら店舗側にとっては、オリジナルビールという付加価値のある売りやすい商品が手に入るわけで、こうしたコラボレーションは双方に得のある企画といえる。

なによりコラボビールはクラフトビールファンのあいだで話題になりやすいから、おたがいに名を売るチャンス。僕らもイサナブルーイングのファンに創業時点で『ビビビ。』の名を売ることができたのは大きかったし、同じように美深白樺ブルワリーのファンに知ってもらえるのもとてもありがたい。逆に美深白樺ブルワリーの側も、東京で自社ビール発信の場が得られるのは良いことであるはずだ。

ただし、迂闊《うかつ》に生産ロットの大きなブルワリーとコラボしたら、売っても売っても在庫が減らないことにもなりかねず、その点だけは注意が必要だ。

それはさておき、オリジナルビールというのはやはりテンションが上がる。

僕は、ビアバーにかぎらず居酒屋でもバーでも、販促の一環として地縁のあるエリアのマイクロブルワリーと手を組み、どんどんコラボビールをやればいいと思っている。

最後の章で詳述するが、実際『ビビビ。』はオープンからの1年間でじつに5種類のコラボビールをリリースし、いずれも好評を得ている。

「8坪」の売上げに限界はあるのか

オープンから最初の数カ月は、僕も可能なかぎりラストまで店に立っていた。スタッフの育成もさることながら、まず自分自身がオペレーションを完全に覚え、慣れておく必要があるからだ（ここがデュランバー時代との最大のちがいでもあった）。

大学時代以来の立ち仕事が苦にならなかったのは、自分でもちょっと意外だった。ビアバーの舞台裏を体験するのが新鮮だったからだろう。

前述したビールの調達作業にいたっては、むしろ至福のひと時に近く、自分でマネジメントしたタップリストを飽きずに何十分でも眺めていることができた。ビールの調達業務だけで午前中が終わってしまうことも珍しくなく、毎日、矢のようなスピードで時間が過ぎていった。

しかし問題は、それによってライター業をセーブせざるを得ないことだった。当人がどれだけ楽しんで作業していても、『ビビビ。』が個人的な収益源になるのはまだまだ先のことだから、本業との適切な両立を図ることが大切だ。とはいえ、始めたばかりの店で手を休め、営業に支障が出ても大変だ。

こうした悩みは、兼業店舗にはつきものにちがいない。もし僕がライター業から足を洗い、ビール屋として生きていく腹を決めているなら、リソースを気兼ねなく『ビビビ。』に全振りすればいい。でも実情はそうではなく、店を育てながら自分も食べていかなければならないのだ。

ダブルワークについて僕は常々〝安全圏からのチャレンジ〟と表現しているけれど、これが体力的にも時間配分的にも簡単ではないことを、身をもって思い知らされていた。

しかしもちろん、『ビビビ。』を始めたことに一切の後悔はなく、毎日の楽しみと生きがいがひとつ増えたことは間違いないから、いかに自分の中で折り合いを付けるかが次の課題だ。

厳しい残暑のなかで産声をあげた『ビビビ。』が、肌寒い気候になってからもリピーターを順調に増やし、売上げを落とすことがなかったのは幸いだった。

これは僕らの活動圏である渋谷界隈での開業にこだわったことが効いている。とりわけ顔の広い日比谷の人脈にはかなり助けられた。スタッフと「今日は泣かず飛ばずだね」とボヤいていたところに、日比谷が仕事仲間をどっさり引き連れやってきて、その日の売上げがV字回復することもしばしばだった。

かといって、月単位で見れば予想をはるかに凌駕する売上げが立つわけでもなく、『ビビ。』の運営は堅調といえば堅調だった。

初期の売上げの推移を振り返ってみよう。オープン特需を含む2023年10月の売上げがおよそ130万円、11月が132万円、12月は少し落ちて110万円だ。

この12月の不調は、忘年会とバッティングする時期であることと、単純に年末年始の休業で営業日数が少なかったためと分析しているが、実際のところはわからない。

そうかと思えば、年が明けた2024年1月には148万円の売上げを記録していて、あらためて水商売の〝読みにくさ〟を痛感させられた。ただ、寒い時期だからといってクラフトビールが売れないわけではないことがわかったのは収穫だった。

一方で、降雪の予報が出たりすると、店の周辺から完全に人影が消えるのには参ってしまう（夏場の台風も同様）。天候に左右されるのは店舗型ビジネスの宿命と納得するしかないのかもしれないが。

それでも、月の売上げがこのまま120～140万円あたりで定着してしまうのは困りものだ。この数字が8坪という手狭なキャパシティの限界なのかどうかは、もう少しデータを取って検証する必要がある。

他方、原価率はどうか。何かと物入りだった2023年中は40～50パーセントほどか

	売上高	売上原価	粗利	粗利率	原価率
2023年12月	¥1,094,012	¥212,770	¥881,242	80.6%	19.4%
2024年 1月	¥1,322,728	¥603,664	¥719,064	54.4%	45.6%
2月	¥1,168,950	¥561,513	¥607,437	52.0%	48.0%
3月	¥1,525,781	¥435,858	¥1,089,923	71.4%	28.6%
4月	¥1,267,349	¥508,516	¥758,833	59.9%	40.1%
5月	¥1,257,909	¥451,134	¥806,775	64.1%	35.9%
6月	¥1,196,188	¥391,537	¥804,651	67.3%	32.7%
7月	¥1,144,827	¥339,511	¥805,316	70.3%	29.7%
8月	¥1,385,971	¥505,353	¥880,618	63.5%	36.5%
9月	¥1,445,391	¥516,680	¥928,711	64.3%	35.7%
10月	¥1,375,538	¥529,854	¥845,684	61.5%	38.5%
合計	¥14,184,644	¥5,056,390	¥9,128,254		
月平均	**¥1,289,513**	**¥459,672**	**¥829,841**	**64.4%**	**35.6%**

2023年12月から24年10月までの11カ月間の売上げや粗利率、原価率などを示した

かっていたけれど、翌年からは少しずつ低減し、30パーセント台がアベレージになった。金額としてはだいたい40万円前後といったところか。

そのうち人件費は30万円前後で定着。あらたなスタッフのジョインが重なると、レクチャーのためツーオペ体制になり、どうしてもコストがかさむが、これは必要な投資と考えるべきだろう。それでもFL率（飲食店における売上高に対する食材費や人件費の割合）は、一般的に適正値とされる60パーセントをやや下回ることが多く、ひとまずホッとした。

しかし、家賃やら何やらその他の雑費を差し引くと利益はいくらも残らず、あらためて商売の厳しさを突きつけられる思い

だ。1日ごとの売上げの推移を見れば、まるで振るわない日もちらほらあるし、あわやノーゲスかという危機的な日だって珍しくはない。

逆にいえば、そこにわかりやすい伸び代があるということだ。小さな店舗だからと泣き言を口にするのはまだ早い。『ビビビ。』の経営を本当の意味で軌道に乗せるためには、まだまだ集客を頑張らなければならない。

その対策の一環として始めてみたのが、「出張ビビビ。」だ。ひと言でいうなら、外部にクラフトビールの販路を求める活動である。

これはどちらかといえば日比谷のソロ活動で、彼の企業ネットワークを活かしてイベントやカンファレンスの場に僕らがセレクトしたクラフトビールを持ち込んで販売するというもの。同時に、『ビビビ。』のコンセプトやその日セレクトしたブルワリーについてのプレゼンテーションまでおこなうという店外企画だ。

ペースとしては月に1~2回程度だが、この企画のいいところは、代官山の店舗営業と並走できること。ささやかな二毛作が見込めるのだ。さらに、『ビビビ。』の存在をあちこちの企業に知ってもらう効果もあるから、今後の種まきにもつながるはずだ。

日曜夜の閑古鳥をひっくり返す集客イベント

その一方、定例会議で売上げの推移を俯瞰《ふかん》するたびに課題として浮き彫りになったのは、週末の低調ぶりだった。最初の数カ月はとくに顕著で、明らかに日曜夜の売上げがよくない。

たしかに体感的にも、平日は渋谷界隈のビジネスパーソンが仕事帰りに立ち寄ってくれるケースが多く、土日は周辺住民や何らかの用事で代官山を訪れるフリー客に頼らざるを得ないところがある（美容室帰りに寄ってくれる人が多いのは土地柄だろう）。

だったら土日は早めに店じまいするか、定休日にすればいいという考え方もあるけれど、幸いにしてマンパワーはあるのだから、〝いつでもやっている店〟というブランディングを優先したい気持ちが僕にはあった。

これはある繁盛店の方針の受け売りなのだが、経営効率としても、月にどれだけ営業しようが家賃は一定なのだから、営業日数を減らして出費を抑えるよりも、売上げを伸ばす〝攻め〟のプランを練りたいところ。グランドオープンのときのように、理由や目的があれば人は土日であっても来てくれるはずなのだから。

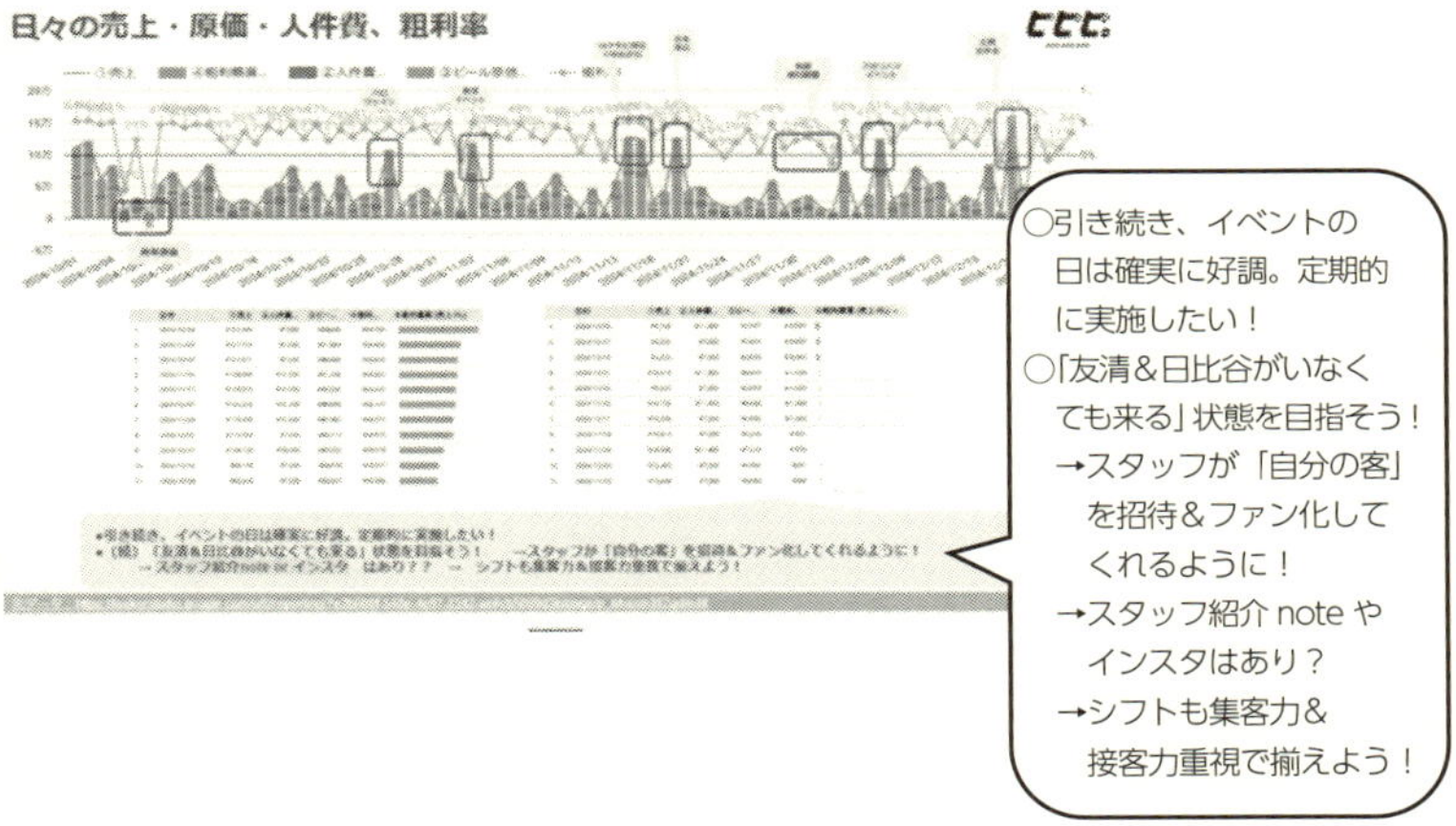

定期的に売上げの推移をチェックし、課題の洗い出しやその解消法を話し合っている

そこで企画したのが、フードのポップアップイベントだ。

持ち込み自由の『ビビビ。』では、近隣のおでん屋やサンドイッチ屋の商品がよく売れていて、フードがあるとビールがいっそう売れることは十二分に体感していた。幸い、IHの簡易調理器具はあるので、単発企画としてクラフトビールとのペアリングイベントを仕込めば、少しは耳目を集められるのではないか。

そんな折、タイミングよく鳥取在住の友人からこんな連絡があった。

「私の友達に〝美人すぎるマタギ〟というのがいるから、ぜひ『ビビビ。』で鳥取産ジビエのイベントをやらせてよ」

というわけで2023年11月某日に実現

したのが、「クラフトビールとジビエの夜」と題したイベントだ。鳥取で獲れた鮮度抜群の鹿肉をマタギのアケミさんが調理して振る舞うもので、ジビエという秋らしさの賜物か、それとも〝美人すぎるマタギ〟というパワーワードが効いたのか、このイベントはびっくりするほどにぎわった。

僕らは1日の売上げの最低目標を4万5000円に設定しているのだが、この日だけで15万3000円の売上げがあったのだから、これは仕掛けた甲斐があるというもの。

この成功事例を受けて、以降、僕らは積極的にこういうポップアップを仕込んでいった。年が明けて1月には、スタッフのウチダによるスパイスカレーイベントを。2月には料理上手な友人の申し出でアチャール（インドの漬物）イベントを。そして3月には東北出身の友人をアサインして芋煮イベントをと次々にネタを考え、いずれも盛況を得た。

料理自慢のゲストを外部から招くことで、それまで『ビビビ。』と縁のなかった人たちにアプローチできたのも大きなメリットだった。アチャールにしても芋煮にしても、それぞれのお仲間がたくさん訪れてくれて、店にとってもいい宣伝になったように思う。

こうしたフード系のイベントはその後、タコス、唐揚げ、餃子、モツ鍋などなど、多彩に広がっていくことになる。このあたりはクラフトビールの懐の深さ（スタイルのバリエーション）があればこそで、たいていのフードとペアリングできる強みが活きた。

『ビビビ。』でおこなうイベントは、フード系のポップアップに限らない。日比谷が周囲の広報関係者を集めた貸し切りイベントを仕込んだり、スタッフのイシイが大型モニターを使ってウェブマーケティングの勉強会を開いたり、スタッフみずから『ビビビ。』の店舗をうまく利用して、本業に関連する催しをたびたび企画した。

また、クラフトビールの世界では「ビアランニング」という独特なイベントがある。ランニング愛好家たちがビアバーなりブルワリーなりに集まって、みんなで街を走ったあとにビールで乾杯するというものだ。門外漢からするとなかなか奇異なイベントに見えるようだが、これが意外と盛り上がる。

『ビビビ。』でも茨城県の「結城麦酒」とコラボレーションするかたちで、このビアランニングを試みたところ、20人近いランナーが集まってくれて、悪くない売上げが得られた。

結城麦酒はかつて連載「ビールの怪人」で取材させてもらったブルワリーで、代表の塚越敏典さんは前職が結城中学校の校長先生という変わり種。定年まで勤め上げ、その後、一度は水戸市内の美術館に好待遇で再就職するも、「ずっと教え子たちに失敗を恐れず挑戦しろと教えてきたのに、これでは自分らしくない」と一念発起。還暦を過ぎてから醸造修業に励み、クラフトビールの世界に飛び込んだ熱血の人だ。

塚越さんの人柄に魅せられた僕は、『ビビビ。』でもたびたび結城麦酒のビールをタップオンしていたから、こうしたイベントでご一緒できるのはうれしいことだった。

取材に基づいたつくり手との強固なネットワークこそが僕らの大きな強み。そこでこんどは「ブルワーご来店イベント」という企画を定期的に打ち出すことにした。懇意にしているブルワリーに声をかけ、店内のモニターでスライドを流しながら、ビールづくりへの思いやブルワリーの成り立ちなどをプレゼンテーションしてもらうのだ。イベント開催に合わせて登壇ブルワリーのビールを2~3種類タップオンしておき、つくり手の話を聞きながら飲むのがまた格別。とくにマニア層には、地方のつくり手と直接触れ合えるチャンスは貴重だから、これがとても喜ばれる。

たとえば2024年の初頭には、国内だけでなくアジア圏でも高い知名度を持つ鳥取・智頭町にある「タルマーリー」の渡邉格《いたる》さん、麻里子さん夫妻が来てくれた。

タルマーリーは2008年に千葉県いずみ市で産声を上げた、天然酵母にこだわるベーカリーで、より良質な水と菌を求めて岡山県へ移転。さらに2015年に鳥取へ移転するとビールづくりにも取り組みはじめた。パンと同様、発酵に関わるすべての菌を天然でまかなっているのが大きな特徴だ。

イベントでは自然の手仕事にこだわってきたその活動の履歴から、発酵を起点とする街づくりにまで話が及び、予定の時刻を大幅に超過してファンのみなさんと盛り上がった。数名のフリークから「あのタルマーリーを呼べるって、すごいよね」とお褒めのお言葉をいただいたのも、ちょっぴり鼻の高い思い出だ。

採用コスト0の幅広いチームビルディング

オープン当初、ツテをたどって十数名のスタッフを揃えた『ビビビ。』。採用コスト0でこれはなかなか優秀だと思う。でも全員が本業を持つパラレルワーカーだから、まだまだ十分な体制とはいえなかった。

そこで僕らは、オープン後にもちらほらと新メンバーを迎えてきた。

ある夜たまたま店にやってきたヨシダは、まだ二十歳になったばかりの女子大生。なんでも、最近参加したビアフェスでイサナブルーイングのビールを飲んだ際、スタッフの人から「もうすぐ代官山で知人が『ビビビ。』という店をオープンするんですよ」と聞いたそうだ。偶然にも店の前を通りがかり、看板を見て思わず飛び込んだという。

アルバイトを探しているというので、たまたま居合わせた僕が一本釣り。多彩な職業、幅広い年齢層のスタッフが揃うなか、酒が飲める年齢になったばかりの大学生というのは、人材としておもしろい。これが客からスタッフになった初めてのケースだった。

晩秋にジョインしたフルモトはグーグルジャパンの社員（当時）だ。いつか自分でカフェを開くことを目標にしていて、これまでも本業のかたわら飲食店でアルバイトをしていたが、コロナ禍で店がつぶれてしまったのだという。

将来カフェをやるにしても珈琲だけでは売上げが心許なく、流行りのクラフトビールも勉強したいと考えていたところ、風の噂で『ビビビ。』の存在を知りラブコールをくれた。飲食店のオペレーションに慣れていて、英語も堪能。オフィスが近いので彼女の同僚たちも飲みにきてくれて、職場での人気者ぶりがうかがえる。

また、日比谷の周辺コミュニティからもちょこちょこ「自分も働かせてください」と声がかかり、なぜか『ビビビ。』は働き口としても人気がある。これは僕の勝手な想像だけど、こうしていろんな職業の大人たちがよってたかってクラフトビール屋を切り盛りしているのが、楽しそうに見えるのだろう（実際、楽しいし）。

小遣い稼ぎのためというよりは、自分が身を置くひとつのコミュニティとして魅力を感じてもらえるのは、なんだか誇らしいことだ。

このほかにも思いもよらない角度から、さまざまなサポートの申し出があった。

僕の後輩アーティストは、オープンに合わせて『ビビビ。』のロゴを模したビール型ブローチを製作してくれた。

店長マオの知人からは『ビビビ。』のロゴが入った缶バッチの差し入れがあり、後にこれは正式にグッズ化して売り出すことにした。

また、日比谷のパパ友で映像制作会社を経営しているスズキさんは、クラフトビールを題材にしたプロモーション映像を撮りたいと手を挙げてくれた。スズキさんは大物ミュージシャンの映像なども手掛けるベテランで、そんな彼がブルワーのクリエイティビティに興味を示してくれたのがうれしかった。

ほかにも、日比谷の仕事仲間であるニシムラさんは、僕らがイベントをやるたび撮影に駆けつけ、短尺の動画を仕上げてくれるし、同じくクボさんは『ビビビ。』の店内で定期的にポッドキャストを収録し、発信してくれている。

みんな『ビビビ。』の取り組みに何らかの可能性を感じて集まってくれた人々であり、一銭にもならないことに手を貸してくれるのは、後々彼らにとって何らかのプラスがあると期待してくれている証しだろう。そう思うと、彼らの思いに応えるためにも、まだまださらなる繁盛店をめざして頑張らなければいけない。

新規開店というのは目を引くのか、メディア方面からも引き合いが相次いだ。

オープン直後にはまず、「シブヤ経済新聞」が取材に来てくれて、僕らにとって名刺代わりになりそうな紹介記事が掲載された。月刊カルチャー誌「Pen」も、クラフトビール特集の一環で『ビビビ。』を取り上げてくれ、けっこうな集客効果があった。「ビール王国」という専門誌では〝ビールを偏愛する人〟という特集で、僕個人を取り上げていただいた。

さらにこの時期は『横濱麦酒物語』の刊行直後だったこともあり、神奈川新聞から特集記事の監修依頼を受けたり、横浜の財界人たちの前で講演をしたり、『ビビビ。』を宣伝するのに打ってつけの機会を多数得た。まさに本業との相乗効果。これこそ僕が望んでいたムーブメントだった。

一方、日比谷は日比谷でビジネス系のカンファレンスなどに登壇するたびに、隙あらば店の宣伝をはさみ込んでいたようだ。

「○○○の企業からこういう問い合わせが来てる」

「○○が何か一緒にコラボできないかと言ってきてるけど、どう思う？」

そんな相談が頻繁にあった。もちろん、何でもかんでも実現するわけではないが、飲食業はとにかく存在を知ってもらわなければ始まらないビジネスだ。こうしてさまざまな形で情報が拡散されていくのはよい傾向だろう。

白樺樹液のコラボビールを仕込む

2024年の1月下旬、僕らはふたたび北海道へ向かった。目的は美深白樺ブルワリーで『ビビビ。』のオリジナルビールをつくることだ。

今回は店長マオも含めた3人旅。旭川空港からレンタカーで名寄駅へ向かうルートは前回と同じだが、周囲はすっかり真綿を敷き詰めたような雪景色だ。ホテルにチェックインして荷物を置くと、降り積もる雪を踏みしめながら近場の居酒屋へ。

高橋克尚さんも名寄まで来てくれて、2カ月ぶりの再会を果たす。北海道の地酒を楽しみながら、明朝からの醸造作業に備えてレシピの最終確認をおこなった。

『ビビビ。』にとって二度目のコラボビールは、ファームハウスエールというスタイルに決定した。セゾンの別称でも知られるベルギー南部発祥のスタイルで、夏場の農作業の合間に水分と栄養を補給するために仕込まれたビールが原点といわれている。

本来、特定の特徴を示すスタイルではなかったが、近年ではセゾン酵母と呼ばれる酵母を用いた、フルーティーで滋味深いエールビールがこのスタイル名で括られている。

仕込みにあたり、こちらからのリクエストは1点のみ。美深白樺ブルワリー最大の特徴である副原料の白樺の樹液を、特別にいつもより多めに使ってほしいということ。

翌日は朝から美深へ向かい、3人で醸造作業に参加した。素人衆である僕らは何の戦力にもならないが、それでもコラボビールと銘打つからには少しでもプロセスにコミットしたい。そのために道北までやってきたのだ。

これまで取材で何度も醸造の現場には接してきたけれど、設備が変われば作業のようすも変わる。まして日本最北のブルワリーで白樺の樹液を醸造タンクに投じるとなれば、なかなかにレアな体験だ。仕上がったビールをその体験談とセットで売るためにも、これは僕らにとって貴重かつ必要な時間だった。

この日に仕込んだビールは、順当にいけば2月中旬には完成する。

じつは僕らは、このビールのリリースに合わせて、少し大掛かりなイベントを画策していた。個人的にここ数年の悲願でもあったビアフェスの開催だ。

ここしばらくは『ビビビ。』の運営に忙殺され、ビアフェスをやりたいという目標は棚上げになっていたが、それでも日比谷とは折に触れて話していたアジェンダのひとつだ。

そもそも企業広報の専門家である日比谷からすれば、プロモーションの一端としてイベントを打つのは常套手段。『ビビビ。』の存在と個性をより多くの人に知ってもらうためにビアフェスを仕掛けるというのは、当然あるべき選択肢だった。

しかし第2章でも触れているように、本格的なビアフェスを仕込むのはちょっとハードルが高い。飲食をともなうイベントだけに、条件を満たした会場を探すのがまず大変だし、保健所などへの申請も慣れない者にとっては煩雑だ。

僕らの場合、イベントの主役である出店者（ブルワリー）を集める作業に関してはむしろタスクとしては容易なのだけど、たとえば椅子やテーブル、テントなど、何をどれだけ用意すればいいのか、またトータルでどれだけのコストを見込んでおくべきなのか、そういうことにはまったく見当がつかなかった。

悲願の「ビビビビアフェス」が実現

ビアフェス開催がにわかに現実味を帯びてきたのは、木曜担当スタッフのフジコからの思いがけない申し出がきっかけだった。

「いま私がお手伝いしている会社が、原宿にキッチン付きのイベントスペースを持っているから、使わせてもらえないか聞いてみようか？」

フジコは僕らとは長い付き合いの飲み仲間で、バックオフィスなど企業の経営支援を手掛けるフリーランスだ。件のイベントスペースはオーナーの方針として、飲食系のつくり手を支援するコンセプトを前面に打ち出せば、正規価格より安く場を提供してもらえるかもしれないという。

ＪＲ原宿駅からも地下鉄北参道駅からも歩ける好立地で、什器《じゅうき》の類いまでひと通り揃っているという。出店ブルワリーにはビールとビアサーバーだけ持ってきてもらえればＯＫというなんとも理想的なスペースで、僕らはありがたくフジコの提案に飛びついた。

昨今ブームといわれているクラフトビールだが、実際にはまだまだマイナーなジャンルに過ぎない。というより、一部のマニアとライトな関心層に支えられているというのが正確で、２０２４年にまとめられたデータでは、国内のビール系飲料市場全体においてクラフトビールの占めるシェアは、１パーセントにも満たないのである。

そのシェアは少しずつ伸びてはいるけれど、ビール全体の市場が5年連続で縮小傾向にあり、トレンドに乗ったイメージとは裏腹にけっして羽振りのいいジャンルとはいえない。

それでも僕には、クラフトビールに秘められた可能性を信じて疑わない理由がある。

それはひとえに「酒はつくり手とその背景を知れば何倍もうまくなる」という僕の持論を、クラフトビールはもっとも手軽に体験させてくれる酒だからだ。

言い換えれば、これほどつくり手との距離が近い酒は他になく、ブルワリーへ行けばつくり手本人と醸造の現場に間近で触れることができ、ビアフェスへ行けば多くのブルワーと直接コミュニケーションが取れる。

つくり手の物語を発信することにこだわってきた『ビビビ。』としては、このコンセプトをさらに突き詰める手段として、ビアフェス開催は有意義な選択肢だった。

やるからには、よりつくり手にフィーチャーした特色を打ち出したい。そこでスタッフの中から実行委員会メンバーを募り、みんなでアイデアを出しながら実現に漕ぎ着けたのが、２０２４年2月27日に開催した「ビビビビアフェスVol.1」である。

全国から４つのブルワリーに出店してもらった平日ワンナイトのイベント。ビアフェスとしては小規模ながら、『ビビビ。』らしいマニアックな布陣になった。

東京・武蔵野市でわずか3坪のスペースでビールをつくっている26K《ニーロクケー》ブルワリー。

同じく東京・押上から、『ビビビ。』ではすっかりお馴染みのミヤタビール。

香川・高松市でファントムブルワリー（自前の醸造所を持たず、他社の設備でビールを醸造する形態）として名を馳せるオーロイブルーイング。

そしてこのイベントで『ビビビ。』とのコラボビールをお披露目する、北海道の美深白樺ブルワリー。

ビアフェスは出店ブルワリーからいくらかの出店料を徴収することで運営するのが一般的だが、「ビビビビアフェス」では出店料を０円に設定し、その代わりに来場者から７００円の入場料をいただくことにした。出店料フリーというのは出店側にとって絶大なメリットになる。

蓋を開けてみれば４つの出店ブルワリーそれぞれに十分な引きがあったおかげで、この日のイベントはトータル１８０人程度の集客を実現した。上々の成果といえるだろう。

手話でも伝えたい多様性の物語

４社のブルワリーそれぞれに公開インタビューの時間を設けたのも「ビビビビアフェス」の特徴のひとつだ。ブルワリーの成り立ちやビールづくりへの思い、そして『ビビビ。』

となれそめなどを、来場のお客さんたちの前で15分ずつお話ししてもらった。

そこに手話通訳をつけたことにも特別な思いがあった。きっかけは、『ビビビ。』オープン直後からお付き合いが始まったクラフトビールマニアの手話通訳士、瀧尾陽太さんだ。

僕は彼との出会いを通して、手話ユーザー（ろう者）の中にもクラフトビールにハマっている人が大勢いることを知った。『ビビビ。』を訪ねてくれる彼・彼女らは、いつもビールを飲みながらニコニコ盛り上がっている。手話による会話なので実際にはほぼ無音なのだけど、なんだかかしましく見えるくらい彼らはいつも楽しそうだ。

やがてそんなみなさんとの交流が深まり、筆談を交えながらコミュニケーションを図るうち、僕はクラフトビールが多様性の象徴になりうることを実感するようになった。

ならば、せっかくの公開インタビューなのだから、つくり手の物語をより多様な人々に届けたい。そこで手話通訳士の出番というわけだ。これには世のイベント主催者に対し、手話通訳士の有用性をアピールする狙いもあった。

手話通訳士を起用すれば単純に手話ユーザーの集客につながる。それによってイベントが盛り上がるなら主催者側は万々歳で、これはクラフトビール以外のジャンルにも当てはまる話ではないだろうか。

それに手話通訳士のニーズが増せば、おのずとその待遇も改善されていくはずだ。現在、手話通訳士の報酬は1時間あたり7000～8000円が相場とされる。しかしその技能の特殊性と必要性からすれば、もう少しこの金額は高くあっていいように思う。

きっかけは商業目線からのアプローチでも、ニーズが拡大すれば彼らの報酬が上がり、手話ユーザーの娯楽の選択肢が増えるという好循環が生まれる。「ビビビビアフェス」がその一助になれるなら、こんなに素晴らしいことはない。

「ビビビビアフェス」は以後、半年に一度のペースで継続的に開催しており、手話通訳士の瀧尾さんは、いまではすっかりお馴染みの顔だ。

クラウドファンディングの失敗とさらなる挑戦

ところで、第1回「ビビビビアフェス」の開催資金を調達するため、僕らは初めてクラウドファンディングに挑戦した。建付けとしては「クラフトビールとそのつくり手の物語を伝えるために、ビアフェスを開催したい」というもので、目標金額は100万円。集まった資金はビアフェス開催と美深白樺ブルワリーへの出張費用にあてるつもりだった。

しかし、結果からいえば大惨敗。イベント当日までに集まった支援総額は41万円で、達成率は半分にも及ばなかった。

思い当たる敗因はいくつかある。計51人が支援してくれたことを思えば、返礼メニューと金額設定の見通しが甘かったように感じられるし、なによりプロジェクトの公開と周知を十分にやれなかったのは大きな反省材料だ。支援を求める〝目的〟の言語化もどこか中途半端だった。つくり手の物語を……と打ち出すよりも、オリジナルビールの醸造を前面に押し出したほうがインパクトはあったかもしれない。

クラウドファンディング全盛の昨今だが、そう甘いものではないことを知れたのはひとつの収穫だった。幸い、「ビビビビアフェス」自体は各方面から好評を得たのだから、この経験を次に生かすほかないだろう。日々勉強だ。

初めてのビアフェスを終えた後も、僕らはあらたな仕込みの手を止めなかった。

お次の企画は「ＡＩビール」だ。これは企画制作会社を経営する僕の友人から持ち込まれた、次のようなアイデアが発端だ。

「『ビビビ。』のビールを画像生成ＡＩで擬人化させてもらえませんか」

タップオンする10種のビールそれぞれに紐づいたストーリーを元に、ＡＩで人物《キャラクター》を描き出し、デジタルにデモンストレーションをおこなうというのが当初案。

旬な発想だし、僕らとしてもそれぞれのビールの個性をビジュアル化するのは興味深い取り組みだったけれど、問題はタップリストのビールが頻繁に入れ替わってしまうため、よほど計画的にやらなければタイミングを合わせにくいことだった。

それならいっそ発想を変えて、ビールのレシピをＡＩで生成するのはどうか、というのがこちらからの代案。これが実現した。

段取りとしては、特定のブルワーに協力を仰ぎ、過去につくってきたビールのレシピを拝借。それを生成ＡＩに投入し、いくつかのプロンプト（指示）を追加して、レシピをアウトプット。そのレシピに従って、実際にそのブルワーがビールを仕込む、というものだ。レシピを気前よく提供してくれるブルワーがいるのか不安もあったが、僕らはここでもミヤタビールの宮田さんに協力を仰ぎ、２０２４年４月上旬、初のＡＩビールが完成した。

実際に生成されたレシピは、抹茶を副原料に用いたＩＰＡだった。宮田さんとしても初めて挑戦する素材だったそうで、わざわざＡＩを介在させた意味はあったように思う。

海外ではすでに醸造プロセスにＡＩを活用している例もあるようだが、街のビアバーレベルの取り組みとしては斬新で、このＡＩビールはそれなりに話題を呼んだ。

タップオンの際には、このビールのイメージに合わせてやはりＡＩで生成した和装の女性キャラを店内モニター上に動画で登場させ、友人からの当初のアイデアも活かすことができた。

「また『ビビビ。』が変わったことやってるぞ」

クラフトビールシーンの一角でそんな声を聞くこともあり、僕らのブランディングとしても有意義な企画だったように思う。

第6章

あっという間の1年。僕が『ビビビ。』で得たもの

日帰り＋αのブルワリー見学ツアー

２０２４年の春には、もうひとつうれしいことがあった。ビアフェスと同じく、オープン当初からの目標だったブルワリー見学ツアーが実現したのだ。

キーパーソンはスタッフのマメコだった。彼女は本業で、メディア関係者のアテンドツアーを手掛けていることもあり、こうした企画に強い。

さっそく『ビビビ。』主催のツアー第一弾のために、アシスタントとしてスタッフのウチダも加えてプロジェクトチームを組んだ。

問題は行き先だ。どうせなら一度に2〜3カ所のブルワリーを巡れたほうがツアーらしくていい。そこで僕は当時、次のような案をレジュメにまとめてメンバーに共有した。

1　茨城ツアー

結城麦酒（結城市）や牛久醸造場（牛久市）など、茨城県内で取引のあるブルワリーを2〜3カ所巡る日帰りバスツアーとして設計。未コンタクトだが、鹿島神宮至近のParadise Beer Factory（鹿嶋市）のビアレストランが広いので、最後にディナーするのもいいかも？

2　秋田ツアー

秋田市内にぁくら、HOPDOG BREWING、ブリュッコリーという3つのブルワリーあり。HOPDOG BREWINGについては先日ブルワーさんも来店。見学客を受け入れているし、他のふたつのブルワリーもタップルーム有。ただし、ツアーとしてどう設計するかが問題。バスに乗るほどの距離でもない。

3　名古屋ツアー

名古屋といいつつ愛知県内で3～4カ所のブルワリーを回るプラン。名古屋駅集合でバスをチャーターし、Y.MARKET BREWINGの新工場（名古屋市西区）、Totopia Brewery（長久手市）、バタフライブルワリー（春日井市）あたりを回れるとツウに響くはず。この場合は名古屋日帰りツアーとして設計しつつ、残れるメンバーは1泊して飲み歩きましょう（友清が栄ツアーやります）。

いま読み返してみても、当時の張り切りぶりが伝わってくる。取材ではなくお客さんをアテンドするというのは個人的にも新鮮だし、もともとそういう多角的な動きのある店にしたかったからだ（単にみんなでワイワイ飲むのが好きというのもあるけど）。

しかし、実際に地図を見ながらルートを検証していくと、茨城ツアーは意外と各スポット間の距離が遠く、移動に時間が取られそう。秋田や名古屋は東京からの距離を考えると、初回としては心理的なハードルを感じなくもない。

では、関東近県ではどこがいいかと思案したところ、浮上したのが長野だった。

長野・青木村には、オープン間際に取材させてもらったNobara Homestead Breweryがある（第4章参照）。オープン以来『ビビビ。』では、同ブルワリーのビールを定期的にタップオンしていて、どれも非常に高い支持を得ている。もし見学ツアーを設定できれば、きっと多くのお客さんが喜んでくれるだろう。

ただ気になるのは、取材させてもらった時点ではまだ改修の途中だったタップルームがどこまで進んでいるかだ。

ドキドキしながら連絡を取ってみると、こんな色良い返事があった。

「最低でも当日までにトイレなどは仕上げておきますので、ぜひ！」

周辺には他にもいくつかマイクロブルワリーがあり、ツアーで回遊するエリアとしても申し分ない。かくして、記念すべき初めてのツアー、「ビビビツアー Vol.1 in 長野」の開催が決定した。

ここからはマメコの段取り力で、トントン拍子だ。

協力をお願いした旅行代理店のサイト内に申し込みフォームを準備して参加者を募集。合わせて、参加者に配布するしおりと、特典として『ビビビ。』のロゴ入り特製保冷バッグも用意することにした。旅の途中でボトルビールを購入したときなど重宝するだろう。

また、東京─上田間は北陸新幹線で90分程度でもあり、集合解散は上田駅に設定。ツアーバスは現地でチャーターすることにした。参加費はひとり1万5000円。

かくして当日、長野在住の参加者2名も交えた総勢十数名が、JR上田駅に集まった。

まずは駅前「天神ブルワリー」の個室を借りて、ビアランチをいただきながらオリエンテーション。ツアーの趣旨説明やメンバーの簡単な自己紹介を経て乾杯し、食後はブルワーの石井侑馬さんにご登場いただき、天神ブルワリーの成り立ちなどを拝聴する。

一行は早くもほろ酔いだったが、続いてバスに乗り込んで、東御《とうみ》市の「オラホビール」、青木村のNobara Homestead Breweryと順にまわり、最後は上田駅そばにある「DO BREWING」のタップルームで打ち上げた。18時過ぎに解散し、日帰り組は帰途につき、宿泊組はいったんチェックインしてから夜の酒場へと向かった。

ビアフェス同様、初めての取り組みということで手探りの部分が多かったが、結果として「ビビビツアー Vol.1 in 長野」は大成功。ビールを起点として各地域やつくり手の魅力にアプローチするビアツーリズムの醍醐味を、たっぷり味わっていただけたのではないかと思う。

なお、取材以来の再訪となったNobara Homestead Breweryでは、公開インタビューを実施。多くの仲間と共に中村さん夫妻の話を聞く機会がつくれたことは感慨深かった。おふたりのご協力に、ただただ感謝である。

かゆいところに手の届くマニュアルが自然発生

一方、代官山の店舗では、このころからちょっとおもしろい現象が起きていた。誰が言い出したわけでもなく、自然にいくつかのあらたなマニュアルが定着しはじめたのだ。

たとえば、その日の勤務を上がったスタッフによる「申し送り」の共有もそのひとつ。どんなお客さんが来て、どのような営業ぶりだったかを「ＬＩＮＥ ＷＯＲＫＳ」上にしたためるもので、トラブルや困り事があればそこで相談したり、洗剤やトイレットペーパーなど備品の在庫状況を報告したり、日報的な使い方がされるようになった。

同じくLINE WORKS上に、ビールが打ち抜かれるたび「何番、打ち抜きです！」と速報を入れるのも、スタッフ間で自然に生まれた習慣だ。リアルタイムに在庫状況が確認でき、調達のプランニングに活かせるのですごく助かっているし、なによりビールが売り切れになるニュースはなんだか景気が良くていい。

いずれも、いまでは運営上なくてはならないオペレーションになっていて、こういう進化が勝手に起こるあたり、やはり店舗は生き物なのだとあらためて思う。これまで深刻なトラブルと無縁でやってこられたのも、こうした風通しのいいコミュニケーションのおかげだろう。

とはいえ、まったく何事もなかったわけではない。酔客が女性スタッフに過剰なセクハラ発言を浴びせつづけて困ったこともあるし、届いたビールが冷蔵庫に入れられてないというような凡ミスもあった（こちらは幸い、冬場の早期発見で事なきを得たが）。

それでも『ビビビ。』がおおむねうまくやってこられたのは、スタッフの大半が良識のあるひとかどの社会人で、つねに局面に合わせて臨機応変に対応してくれているからだろう。

そうこうしているうちに春が終わり、日増しに気温と湿度が高まってきた。

相棒の日比谷はこの時期、外へ向けて「出張ビビビ。」を精力的に仕掛けていた。あるときは知人のオフィスへ、またあるときはコワーキングスペースへ出向いては、『ビビビ。』の売り込みに奔走。

一方で僕は、手頃なメディアを見つけてはクラフトビール関連の記事を書くため、全国各地のマイクロブルワリーを取材してまわる日々。これがそのまま『ビビビ。』のタップリストの源泉となるわけだ。

「クラフトビール×地方創生」の熱に触れ、味わう

そして2024年の6月、早くも二度目の「ビビビッアー」を実施することになった。行き先は四国。「ビビビビアフェス」にも出店してくれたオーロイブルーイングが、香川・高松市でビアフェスを開催するというので、参加者を募ってツアー化することにした。今回は1泊2日の行程だ。初日にビアフェスを楽しみ、2日目は香川のブルワリー見学。泊まりがけ前提のプランがどう受け止められるか不安もあったけれど、10名の参加者が集まり、なかには広島からの参加もあった。

土曜の昼前に高松市内で集合。瀬戸内の海の幸を食べながらオリエンテーションをおこ

ない、食後はビアフェス会場へ。首都圏のビアフェスではあまり見かけないブルワリーがいくつも出店していて、うるさ型のマニアからライトなビール党までたっぷりと楽しめるイベントだった。

その合間、「SETOUCHI」というブルワリーのブルワーを会場の片隅に連れ出して、今回も公開インタビューをおこなった。ビアフェスにしろツアーにしろ、こうしたつくり手の生声を聞く機会を逃さないのが、『ビビビ。』のスタイルとして定着しつつあった。

2日目は朝からバスをチャーターし、「こんぴらさん」で有名な金刀比羅宮のお膝元、琴平町へ。この町にはパソナグループの出資で地域おこしに取り組んでいる、株式会社地方創生の近江淳さんという人物がいる。琴平町のにぎわい創出、関係人口づくりに邁進する起業家で、近江さんはこの前年に、地域コミュニティ活性化を目的とした「呑象《どんぞう》ブリューイング」というブルワリーを立ち上げていた。「呑象」とはかつて勤王家である日柳燕石《くさなぎえんせき》が住居にしていた呑象楼にちなんでいる。

呑象楼は燕石の没後、その遺徳に共鳴する有志の集会所として使われた歴史があるから、地域コミュニティのハブになるという同ブルワリーのコンセプトにぴったりのネーミングだと思う。

そんな呑象ブリューイングのビールを味わうのはもちろん、近江さんのアテンドで金刀比羅宮にもご案内いただき、参道で８００年続く飴屋の店主に話を聞くことができたのも得がたい体験になった。

こうして地方へ飛び出すと、クラフトビールが地方創生のツールとしておおいにポテンシャルを発揮しているようすがリアルに体感できる。『ビビビ。』が旗を振ることで近江さんのような人物につながり、ローカルのあらたな魅力に迫ることができるなら、参加者の方々だけでなく僕らとしてもこれほどうれしいことはない。

「クラフトビール×地方創生」というキーワードは、店舗の立ち上げを決めたときから意識してきたコンセプトだ。「ビビビツアー」という課外活動に確かな手ごたえを感じた僕らとしては、引きつづきそのバリエーションも少しずつ広げていきたい。

なお、『ビビビ。』が手掛けるこうしたイベントは、すべて公式ブログにレポートを載せてアーカイブしている。そして、これらが『ビビビ。』の次なるプレゼンテーションに活用されていく。このあたりは企業広報の専門家、日比谷の知見が活きている。

幻の2号店オープン

初夏のある日、本業の取材でJR阿佐ヶ谷駅の周辺を歩いていると、〈飲食店経営者募集！〉という貼り紙がとつぜん視界に飛び込んできた。

駅からものの数十秒という好立地だ。それなりに賑わう路地の角にある2階建ての小さな物件。1階は5坪程度の狭小スペースだったけれど、とにかく場所がいい。飲食店に限ってテナントを募集しているのもまたいい。もしこの場所を借りられたら、4～5タップくらいの小さな『ビビビ。』がやれるかもしれない。そう直感した。

僕はすかさずその物件の写真を日比谷に送った。

〈こんなとこ見つけた！　阿佐ヶ谷駅前の好立地〉

これまで、2号店の計画について彼と話したことはない。何かを具体的に期待したというよりも、もし何らかの可能性がそこにあるなら逃したくない、そんな逸《はや》る気持ちだった。

そして日比谷からのレスにも同じような興奮がこもっていた。

〈これは…！　阿佐ヶ谷なら、近所に住んでる○○さんあたりにまかせられるかも？〉

一を言えば十伝わるとはまさにこのこと。僕も中央線沿いならスタッフが集めやすいのではないかという目算があったし、なにより、彼の胸中にも〝あわよくば2号店〟という選択肢があることがわかり、僕はにわかに昂揚した。

一般的に、飲食店が2号店を出すことには、仕入れの効率化やリスクの分散、またはマネジメント・ポストの拡張といったメリットがある。後者は人材のキャリア形成を促進するという副次的な価値も生む。

しかし『ビビビ。』の場合、これらはあまり当てはまらない。メインの商材であるビールに関しては、同じ商品を大量に売るわけじゃないから仕入れのコストは変わらないし、スタッフ全員がパラレルワーカーなのでキャリア形成というのもちょっとちがう。

唯一のメリットとして考えられるのは、単店では少ない利益でも、2店舗分、3店舗分と積み上げていけばそれなりの額になるだろうということ。あるいは1店舗が赤字になっても、2店舗目でカバーするというリスクヘッジにもつながるだろう。

それよりも、地方創生に寄与するクラフトビールの価値や醸造家たちのストーリーを発信していくという僕らのコンセプトからすると、『ビビビ。』の拠点が増えればそれだけ影響力も増すのではという期待もある。

闇雲に事業の手を広げるのは危険だけど、幸いにしていまのところ無借金でやってきているし、場合によってはこの機会に融資の口や補助金を当て込むのもいいだろう。

しかし結論からいうと、この2号店計画は幻に終わった。

テナントを管理する業者に問い合わせたところ、この物件はいわゆる空きテナントではなく、飲食業の独立支援を手掛ける企業の持ち物であることが判明したからだ。

要は飲食店を開業したいが「ノウハウ」と「物件」がない人を対象にしたビジネスで、当然そこには少なからず手数料が発生する。自前でやりたい僕らの方針とは残念ながら合致しない。言われてみればたしかに、貼り紙には〈飲食店募集！〉ではなく〈飲食店経営者募集！〉と書かれていた。

やはり好物件はそう簡単には見つからない。

というわけで、事業をスケールアップしていくプランはいったん棚上げに。次なる物件に対するアンテナだけは張りつつ、機をうかがうことにしよう。

降って湧いた醸造所設立のプラン

他方で突如浮上したのは、なんとブルワリーの立ち上げ計画だ。

発端は、たまたま『ビビビ。』に飲みにきていた旧知の編集者N氏のこんなボヤキ。

「茨城県の実家で母親が独居しているんだけど、高齢だからそろそろ都内に引き取って、家も売り払おうと思ってるんですよ。そこで試しに見積もりを取ってみたら、たったの××百万と言われてしまって……」

聞けば、都内からの地下鉄が通じる有名な駅から、わずか徒歩5分。利根川を眼前に望む3階建ての鉄筋造りで、地下に倉庫を備え、井戸水も引いているという極めて条件の良さそうな物件だった。

あくまで軽口の範疇だったけれど、僕は思わずこう答えていた。

「だったら売るのではなく、運用すればいいじゃないですか。あのへんにはまだマイクロブルワリーがないですし、ビールをつくって売る場所にすればにぎわうのでは？」

いわゆるブルーパブ（パブ兼醸造所）の開設を提案したのだ。

「なるほど、その発想はなかった」

「二束三文で買い叩かれるより、家賃収入を狙ったほうがよくないですか」

僕の場当たり的なアイデアに、N氏は少し考えてから明るい表情で言った。

「たしかに、目の前の河川敷にはゴルフの練習場や野球場もあるし、バーベキュースポットもある。ビールとの相性はいいかもしれないですね。友清さん、ぜひやってくださいよ！」

ちょっとした雑談のつもりが、にわかに現実味を帯びてきた。少し戸惑ったものの、たしかにこれは妙案で、茨城でつくったビールを代官山で売ることも当然できるし、将来的には企業とのコラボビールを自前のブルワリーで仕込むことだって可能かもしれない。

ただ、醸造に手を出すことには抵抗もあった。僕としては、これまで取材で関わってきたブルワーたちへのリスペクトが強く、その聖域に足を踏み入れることには慎重にならざるを得ない。しかも、発酵という微生物相手の繊細な手仕事なんて、自分には適性がないことも重々自覚していた。

また、『ビビビ。』では飲食産業でいちばんの難題である人材確保の問題をパラレルワーカーの起用で解決したけれど、これは渋谷区だからできたこと。茨城県内にそんなネットワークは僕も日比谷もさすがに持ち合わせていない。

やはりこれは無謀な計画だなと思っていたら、出し抜けにこんな声が飛び込んできた。

「私、やります！」カウンターに立っていたフルモトだ。

「本当にやるんなら、私、茨城に移住しますよ」

彼女は奔放な性格だけど悪ノリするタイプじゃない。おそらく本気だろう。

将来カフェをやるために『ビビビ。』にジョインしたフルモトだったが、みずからオーナーシップを握ること自体に強いこだわりはないそうで、このまま僕らの事業にジョインするのも、現実的にありなのだという。

「ええと、人の問題が解決してしまいましたが……、本当にやります？」

「ぜひ！　故郷に何らかの形で関われるなら僕もうれしいですし」

Ｎ氏もフルモトに負けず劣らず、乗り気になってきた。

もちろん、ブルワリーを１から立ち上げるのは簡単なことではない。こんどは数千万単位の資金が必要だ。そもそもその建物が本当に使えるのかどうか、曖昧な部分も多分に残している。

それでも、『ビビビ。』が醸造機能を持てば、今後、僕らならではの活用がいろいろ考えられるのではないか。できることの範囲が格段に広がるのは間違いないだろう。

後日、日比谷とも話し合った結果、とりあえずこの計画は動かせるところまで動かしてみることにした。ゆるやかなＧＯサインだ。

いざ腹を括ってみると、さまざまな副案が舞い込んでくるからまたおもしろい。

不定期でシフトインしているスタッフが、本業の勤務先がブルワリーの運営に興味を抱いているという話を持ってきたり、最近閉業したある豆腐屋さんのテナントがそのままブルワリーに転用できそうなことがわかったり、仮に茨城の物件では実現できなかったとしても、いくつかのあらたな選択肢が浮上してきた。

そして、フルモトはすでに醸造修業に身を投じている。いくつかのブルワリーのお世話になりながら、着々とビールづくりのノウハウを習得していて、こうなると彼女にふさわしい活躍の場を用意することは、もはや『ビビビ。』の責務だ。

ほかにもクリアしなければならない問題はいくつかあるけれど、本書が書店の棚に並ぶころ、はたしてどこまで事が進んでいることか、僕自身いまから楽しみにしている。

25年ぶりの佐渡島で目撃した新しい芽

同年7月下旬、僕は日比谷と共に新潟港からフェリーで佐渡島に向かっていた。

両津港に上陸した瞬間に、佐渡金山の世界遺産登録のニュースが流れ、なんだか島全体から歓迎されているような吉兆を感じた。

佐渡島とは少し因縁があった。編集プロダクションで働きながら、いつかフリーライターとして独立する日を夢見ていた若かりしころ、4日ほどもらえた夏休みの旅先に選んだのが佐渡島だった。初めて訪れた佐渡島の自然は素晴らしく、島の全域を覆うのどかなムードにしびれた。当時、田舎暮らしへの強い憧れを抱いていた僕は（そのためにリゾート管理士なる謎の資格も取った）、旅の終盤には「このまま島で暮らしたい」「東京にはもう帰りたくない」と本気で考えるまでになっていた。

とはいえ、本当にそのまま住み着くわけにもいかないので、いったん帰京して体勢を整える必要がある。世の中では少しずつリモートワークが話題になりつつあったから、ちゃんと準備をすれば、地方でも執筆活動ができるかもしれない。そんな期待もあった。

結局、佐渡島とはそれっきりで、再度の上陸を果たす機会もないまま長い年月が経ってしまった。しかし、あのとき一瞬でも真剣に移住を検討したことが、その後、身の振り方を考えるうえで貴重な材料になったのは間違いない。

要するに、フリーランスとして食べていけるようになれば、土地にとらわれず暮らすことができるのではないか——。そう具体的に考えたことが、いまの自分の働き方を形成したように思う。

そんな佐渡島との縁を四半世紀ぶりにつないでくれたのは、２０２１年に誕生した「トキブルワリー」の藤原敬弘さんだった。

藤原さんはもともと、システム開発のスタートアップにＣＴＯ（最高技術責任者）として携わったエンジニアで、現在はクラフトビールの醸造とソフトウェア開発を手掛ける会社を興し、住居を置く新潟市内とブルワリーのある佐渡島を行ったり来たりしている。

以前からその名は聞き知っていたものの、実際にそのビールにありつく機会のないまま時間が経過。ところがある日、都内で催されたIT系の会合で日比谷が藤原さんと面識をつくって帰ってきたことから、思いがけずトキブルワリーとの邂逅を得た。

藤原さんはいまもIT業界とのネットワークを維持し、彼らとコラボビールをつくる機会も多いという。そのサンプルをいくつかを飲ませてもらったのだが、いずれも僕のツボにずばりとハマる美味。即座にトキブルワリーの虜《とりこ》になってしまった。

こうなると、是が非でもトキブルワリーのビールを『ビビビ。』でタップオンしたい。しかし、取材したブルワリーのビールだけをタップにつなぐ方針を謳《うた》っている以上、未取材のトキブルワリーをつなぐというダブルスタンダードは避けたかった。

藤原さんは東京出張のたびに『ビビビ。』に立ち寄ってくれ、何度も直接話しているのだからOKだろうという気もしたけれど、これはもはや矜持の問題だ。僕らとしてはとにかく一度、佐渡島のトキブルワリーを訪ねなければ気が済まない。

つまり25年ぶりとなった僕の佐渡島渡航は、ただただトキブルワリーのビールを『ビビビ。』につなぐための儀式だったといっていい。

しかし、これがいろんな意味で実り多き旅だった。

加速度的に人口が減りつづけている佐渡島。ちょっと歩いてみると、随所に過疎の空気が漂っている。なのに、あえてこの地を選んだ藤原さんのチャレンジ自体がまず興味深い。なにより、スタートアップ時代の縁と知見を活かして、一般的な販路とは異なるところに商品を届けている手法がおもしろかった。

つまるところ、ただおいしいビールをつくるだけでなく、そこにどのようなカルチャーを掛け合わせるか。それこそが、この世界での腕の見せどころなのだ。ブルワリー設立を視野の片隅に置いている僕には、じつにためになる気づきだった。

人が少ない地域だから不利——そんなステレオタイプな思考にとらわれることなく、土地も歴史も産物も豊富なこの環境を自由に、そして最大限に活かしている藤原さん。

世界遺産登録という好材料も得たことで、今後は多くの観光客がこの島にやってくるだろう。佐渡島の地酒やクラフトビールにスポットが当たる機会も増すにちがいない。

また、トキブルワリーの屋号の由来でもある国の特別天然記念物、トキの繁殖が進んでいるのも個人的には感慨深い。僕がかつて訪れたころはほんの数羽しかいなかったのに、2024年の時点で500羽以上に増えていて、実際に空を飛ぶ野生のトキもこの目で目撃した（けっこう感激した）。

つかの間の旅から戻ると、『ビビビ。』にめでたくトキブルワリーのビールがタップオンした。このビールを楽しむお客さんに、トキが飛翔する動画を見せながら土産話をするのは、まさに僕らしいコミュニケーションだと感じる。

1周年記念ビール「代官山坂ジンジャーハニーピルス」

夏も終わりに差しかかると、『ビビビ。』のオープン1周年が近づいてきた。本当にあっという間だったけれど、大充実の1年間だった。

せっかくなので1周年に合わせて何らかの企画を用意しようと、僕と日比谷は夜な夜なビールを片手に、アイデア出しを続けた。まずは、1周年を記念したオリジナルビールを仕込みたい。ビアバーでは常套手段だ。

じつはこれについては、早いうちから見当をつけていた。以前から懇意にさせてもらっている東京・江戸川橋の「カンパイ！ブルーイング」にコラボをお願いするなら、このタイミングをおいて他にないからだ。

というのも、カンパイ！ブルーイングはリリースするすべてのビールに、都内の坂の名前をつけることで有名だ。「鷲坂ヴァイツェン」や「軽子坂セッションIPA」といった具合で、いわば「クラフトビール界の坂道系」だ。

ひょんなことから『ビビビ。』のすぐそばに「代官山坂」なる坂道が存在することを知った僕は、この名を冠したビールをつくりたいとひそかに目論んでいたのだ。

日比谷もこの案に異論なく、さっそくブルワーの荒井祥郎さんに直談判。快諾を得て「代官山坂〇〇〇」というビールが生まれることが決まった。

問題はどういうスタイルにするかだ。

9月末はまだまだ厳しい残暑の季節。やはり喉越《のど》しでぐびぐびいけるドリンカブルなビールがいい。ならば、エールビールではなくラガービールでオリジナルを仕込むのはどうか。これまで『ビビビ。』でコラボしてきたビールはどれもエールビールだったから、特別感も出るはずだ。

また、最近あるビアフェスで飲んだハニーピルス（副原料に蜂蜜を用いたラガービール）がとてもおいしかったので、ぜひこのスタイルを採用したいと考えた。さらに打ち合わせのなかで日比谷から「生姜はどうかな？」との案も出て、記念すべき1周年コラボビールは「代官山坂ジンジャーハニーピルス」でいくことに決定。

かくして8月下旬、店長マオを含めた3人でカンパイ！ブルーイングにお邪魔して、仕込み作業に立ち会ったのを皮切りに、僕らは急ピッチで準備を進めはじめた。

1周年に合わせ、あらたなキービジュアルも用意したい。周年を象徴するイラストがひとつあれば、イベントの告知や「代官山坂ジンジャーハニーピルス」のラベル、あるいはTシャツなど、さまざまな場面で活用できる。

また、9月27日(金)からの1週間を「周年ウィーク」に設定し、期間中は毎日何かしらの企画を小出しにしていくことにした。初日の目玉は、「代官山坂ジンジャーハニーピルス」のお披露目だ。

はたして、糖分が多い副原料のせいか発酵過程ではいささかの苦労もあったようだが、ほのかな甘味が爽やかに映えた、最高のビールに仕上がった。荒井さん、さすがのお点前である。

周年ウィークが始まると、初日から大勢のお客さんが駆けつけてくれて、2日目には早くも「代官山坂ジンジャーハニーピルス」の1樽目が打ち抜かれた。未曾有の売れ行きだ。

ほかにも、写真家の原田捺末さんによる「ビビビツアー」の記録写真を展示したり、画家のせつはやとさんが『ビビビ。』のために描き下ろしてくれた作品をお披露目したり、スタッフのウチダがふたたびカレーを提供したり、にぎやかな1週間となった。

最終日には、僕と日比谷でささやかなトークイベントを開催。スライドを用意して、この1年間の取り組みと成果を、居合わせたお客さんと一緒に振り返ってみた。

めぼしい成果を並べてみると、『ビビビ。』ではこの1年で、店を飛び出し三度の「ビビビツアー」と二度の「ビビビビアフェス」を実施することができた。コラボビールは「代官山坂ジンジャーハニーピルス」を含め5種類が実現した。

その他、ビアランニングやフードのポップアップイベントなど小さな企画まで数え上げればキリがない。壁のモニターに次々と映し出される1年の出来事を眺めながら、本業のかたわら、よくここまでの密度で活動してきたなと、他人事のように感心してしまった。

なお、この1年間に取引したブルワリーの数は62社。タップオンしたビールは269種類。

この数字は今後も大きく伸びていくはずだ。

店名とロゴ、そしてインスタグラムの恩恵

こうして最初の1年だけに区切ってみても、『ビビビ。』の初動は上出来で、僕も日比谷もたくさんの貴重かつ新鮮な体験を味わうことができた。

とりわけ驚いたのは店名の浸透ぶりだ。1周年を迎えるころから、首都圏だけでなく地方のビアバーやブルワリーなどでも、『ビビビ。』を知ってくれている人に会うことが珍しくなくなった。

ブルワリーの取材に出向く際、僕の場合は基本的にライターとしてアプローチするのだけれど、帰り際に「じつはこういうお店をやっていまして……」とショップカードを差し出すと、高い確率で「ああ、知ってます」とか「有名ですよね」などと言ってもらえるようになってきた。おかげでその後の業務取引の相談もしやすく、本当にありがたい。

また、関東近県で催されるビアフェス会場でも、通りすがりの人から「『ビビビ。』の方ですよね」とか「本、読みました！」などと言ってもらえることが増え、僕のような小物ライターはなんだかソワソワしてしまう。

こうした体験から痛感したのは、覚えやすい店名とインパクトあるロゴの効果だ。ビジュアルが拡散しやすいインスタグラムを発信拠点としたのは大正解だった。オープン前にコストをかけてロゴ入りグラスを揃えたことも、また然《しか》り。

売上げの面ではもう少し踏ん張らないといけないのだが、課題としていた日曜夜の低迷も、1年をかけてだいぶ改善されてきた。『ビビビ。』は確実によい方向へ向かっている、と思う。

本当は、ほかにも取り組んできた細かな仕掛けやイベントについて、ここでもっと触れたいし、店舗の運営を支えてくれる内外の仲間たちについても語り足りない。

しかし、『ビビビ。』最大の功績は、日比谷尚武をクラフトビール界に連れてきたことだと、僕はひそかに自負している。〝国産クラフトビール専門店〟という業態にフォーカスしたことで、彼の知見と人脈のいくらかをこの業界に引き入れることもできた。

たとえば彼が発案する広報やイベント運営のノウハウには、これまでのクラフトビール業界にはなかったものが多く、僕自身、大きな学びになった。本書では触れていない多くの企業案件でもそれは証明されているし、僕らが次のステップとして企んでいる、自治体との連携においても物を言うだろう。


1周年のほとぼりも覚めた11月下旬。僕は世田谷区内で開かれた「酒と盆栽」というイベントに登壇していた。福島市が手掛ける「あづま山麓蔵元ツーリズム事業」の一環で、市内に拠点を置く5名の醸造家と1名の盆栽作家が会した2日間のイベントだ。

福島県は日本酒のイメージが強いが、じつはほとんどの酒蔵が会津や喜多方に集中していて、福島市内にはひとつだけ。あとは、どぶろくの醸造所がひとつ、ワイナリーがひとつ、そしてクラフトビールのブルワリーがふたつ。

それらが福島市のシンボルである吾妻山の麓《ふもと》に点在していることから、福島市では「あづま山麓蔵元ツーリズム」と名づけ、売り出そうと取り組んでいる。

そのポップアップイベント「酒と盆栽」で、僕は公開トークのモデレーターを仰せつかった。お酒だけでなく盆栽とセットで発信した相乗効果もあってかイベントは大盛況。2日で計17回の登壇となかなかのハードワークだったが、これまでのキャリアや酒づくりに賭けるそれぞれの思いを醸造家本人からお聞きするのは、非常に興味深い機会だった。

これは友清個人として請け負った仕事だったが、「みちのく福島路ビール」と「イエロービアワークス」というまだ見ぬブルワリーと縁ができたのは、『ビビビ。』にとっても収穫だった。

さらに大きいのは、このイベントの主催者である福島市とつながりができたこと。なぜなら『ビビビ。』では2年目の目標として、各地の自治体への売り込みを強化したいと画策しているからだ。

たとえば、「ビビビツアー」ではこれまで、オーナーである僕も日比谷も正規の参加費を支払って参加してきた。予算の都合上しかたのないことだったが、趣味ではなく事業として考えるなら、このままではやはり健全とは言いがたい。ツアー事業担当のマメコやウチダにも、もっとしっかり報酬を支払えるようにしたい。

そこでもし、企業なり自治体なりから5万円でも10万円でも予算を付けてもらえるならば、そうした問題が解決できる。「ビビビツアー」がめざす次のステップはここにある。

だから、福島市観光課のみなさんが今回のイベントをきっかけに『ビビビ。』の取り組みを評価してくれたのは非常にありがたかった。さっそく次年度の事業計画に「ビビビツアー」の誘致を加えてもらえるよう、交渉を続けている。2025年度内には、何らかの形で『ビビビ。』と福島市のコラボが実現できるかもしれない。

それに先立って2025年の3月には、宇都宮市との協業も実現した。

こちらは日比谷が持ってきた案件で、市の協力を得て「ビビビツアー in 宇都宮」を企画。市役所が訪問ブルワリーをコーディネートしてくれたおかげで、僕らとしても出会いと学びの多いツアーとなった。

ほかにも、北海道の某テレビ局を巻き込むプランもあれば、僕らの取り組みに関心を示してくれている九州の自治体もある。『ビビビ。』の課外活動はこれからさらに活性化していくことだろう。

また、じつは毎回わずかに赤字となっている「ビビビビアフェス」についても、スポンサーを募ることで黒字化させたいと作戦を練っている。

企業や自治体に相応のベネフィットを提供するのは簡単なことではないが、どうにかアイデアを凝らして『ビビビ。』ならではの手法を見つけたい。

クラフトビールに何を掛け合わせるか

物書きの性《さが》なのか、あらたな企画を練るのはとても楽しい作業だ。

きっと日比谷もまた同じ思いだろう。

僕らは日頃からおたがいに、「こういうことがやれたらいいよね」とか「こんどこの場所を使って何かやってみようよ」といった会話を頻繁に交わしている。

最近そんなやりとりから形になったのが「出張ビビビトーク」というイベントだ。

『横濱麦酒物語』の発行元である有隣堂との協業で、同社が横浜・関内駅前で運営する「BACON Books & café」という店舗を借りて毎回ゲストを招き、クラフトビールを飲みながら〝つくり手〟の物語に耳を傾けようというものだ。

第1回目のゲストには、株式会社スイベルアンドノットの見木《けんもく》久夫さんをお招きした。

スイベルアンドノットは東京都武蔵野市に拠点を置く広告制作会社で、２０１７年に狭域振興の一環で26Kブルワリーを立ち上げた。ＪＲ中央線武蔵境駅の高架下に設けられたブルワリーで、東京駅から26キロメートル地点にあることが屋号の由来。面積はわずかに3坪という、おそらく世界最小のブルワリーだ。

見木さんはこの26Kブルワリーを起点に、「中央線ビールフェスティバル」や「せいせきビールまつり」といったファンにお馴染みのビアフェスも主催している。

さらに2024年の夏には、横浜・ゆめが丘で「ゆめが丘サンデーブルーイング」というふたつめのブルワリーを設立。〝横浜のチベット〟と呼ばれていた未開の地域をクラフトビールで盛り上げている。

クラフトビールと地域活性化を見事に融合させるその手腕は、『ビビビ。』がロールモデルとすべきもので、僕ら自身にも学びの多いトークイベントとなった。

その見木さんが、折に触れ僕にこんなアドバイスをくれる。

「ブルワリーをやるなら、ビールで儲けようとしないほうがいいですよ」

これは非常に含蓄のある、深い言葉だ。

先にも触れたように、ビールは非常に薄利な世界。僕らは仕入れて売る立場だからなおさらだが、つくり手の側も事情はそう変わらない。だから見木さんの場合、ビールにからめたイベントなど副次的な事業にコミットすることで、そこに関わる広告案件を一手に引き受けてペイさせようという計算がある。

このあたりは、佐渡島・トキブルワリーの藤原さんにも似たような思考の筋道を感じる。見木さんが「クラフトビール×広告」なら藤原さんは「クラフトビール×ＩＴ」で、それぞれの個性と強みを活かして事業を育んでいるのだ。

――では、僕らはクラフトビールに何を掛け合わせていくべきなのか？

今後もつくり手とその背景にある物語を発信するスタンスは変わらない。そのうえで、「クラフトビール×〇〇」の〇〇の部分に当てはまるものをより鮮明にしていく必要がある。『ビビビ。』のさらなる進化の鍵は、まさにそこにあるはずだ。

『ビビビ。』という店はごくごく小さな存在にすぎないけれど、ここから見据える世界はとてつもなく大きい。何もかもが手探りの状態から船出したわずか8坪の小舟が、これからどこまで進んでいけるのか、みなさんにも共に見守っていただければ幸いだ。

「小商い」から見えてきた新しい選択肢

2021年から2年ほど、僕は観光庁の指令で全国を飛びまわっていた時期がある。ルポルタージュと称してさまざまなローカルを巡る活動が目に留まったのか、DX推進事業の事務局から声をかけられたのだ。各地の観光産業がコロナ禍で壊滅的なダメージを受けるなか、DX、すなわちデータとデジタル技術の活用によって、事業をテコ入れするようすを取材するのが僕の役目だった。

その対象事業のひとつに、クラフトビア・ツーリズムの取り組みがあった。地域に点在するマイクロブルワリーを結んだ行程を組み、オンラインでその魅力を発信しながらツアーパッケージとして売り出そうというものだ。

たしかに、果物や野菜など地場の産品を副原料として利用しやすいクラフトビールは、こうした取り組みと相性がいい。そしてそこに観光庁がけっして少なくない予算を付けたことに大きな価値がある。僕はそう感じていた。

すでに『日本クラフトビール紀行』という、そのものずばりのテーマで本を著していた僕としては、まさに〝我が意を得たり〟の取り組みで、クラフトビールが地方創生のツールとして認知されたように感じられてうれしかった。

このときの経験が自分のなかに「クラフトビール×地方創生」へのさらなる確信を育み、それが後に『ビビビ。』の開業を後押ししたことは間違いない。そう、これまで得たさまざまな体験が有機的につながったからこそ、代官山『ビビビ。』は誕生したのだ。


日本国内でクラフトビールを醸すマイクロブルワリーは間もなく900社に達し、遠からず1000社を超えると見込まれている。ほんの10年前には250社程度だったことを考えると、とてつもないスピードでつくり手が増えていることがわかる。

こうなると、「ふたたび淘汰の時期が来るのではないか」と不安の声が上がるのもわからなくもないが、一方では僕のように楽観視している者もいる。

もちろん競争の激化は避けられないことだが、90年代の地ビールブームのころとはちがい、現在はECやふるさと納税など新しい販路も確立されているし、街には明らかにビアバーの数が増えている。現在のつくり手たちは聡明だから、きっとうまく生き残る術を見つけるはずだ。

そして僕らのような売る側の立場にとっては、優れたつくり手が次々に誕生しているいまこそ、百花繚乱のクラフトビールの魅力をいかに効果的に発信していけるかが問われている。むしろ、そこが腕の見せどころといっていい。

しかし、偉そうなことばかりも言っていられない。『ビビビ。』はまだまだ閑古鳥に苛《さいな》まれる日だってある。そのたびに日比谷とふたりで、「今月、売上げよくないね」「よし、何かイベントを仕込もう」などと頭をひねっている。見ようによっては、泥縄式になんとか手当てをしながら走りつづけている状態ともいえるだろう。

ただ裏を返せば、適切な手さえ打てばそれなりにリターンがあることも、これまでの店舗運営から実感している。何を隠そうこのエピローグを書いている前日も、振るわない売上げに焦りを覚え、慌ててビアランニングイベントを仕込んでどうにか数字を取り戻すという荒技をやったばかりなのである。

飲食店は、けっして〝待ち〟のビジネスではない。いや、これはすべての商売に通じる真理だろう。インターネットやSNSが浸透し、工夫次第でいくらでも発信の手段がある現代、ただ「客が来ない」とボヤいて待つのは無策に過ぎる。かといってSNSさえ更新していればいいかといえば、もはやそんな楽な時代でもない。

では僕らのような小規模な店舗には、どのような手立てが有効なのか?

その正解に近づくために『ビビビ。』では最近、広報チームを結成した。企業の広報支援を本業とする日比谷が若手の研修を兼ねて立ち上げたもので、まず着手したのはメディア向けのプレスキットの公開だった。

『ビビビ。』の公式ブログ内に店舗概要やサービス紹介、過去のプレスリリース一覧などをまとめ、さらにロゴデータや写真素材を開放する。それだけのことではあるけれど、本業でメディアの側にいる僕の目線からすると、こういう〝ご自由にお使いください〟作戦はけっこう便利でありがたいものだ。素材の確保が楽というのは、書き手にとって記事の中で取り上げようと考える理由にもなる。

また、ブログには取材申し込みフォームへ飛ぶリンクも用意した。広報戦略としては基本的なことだが、「どこからコンタクトを取ればいいのかわからない」企業が意外と多い昨今、これも極めてメディアに優しい設計だと思う。

ほかにもさまざまな広報戦略を考えている最中で、これからいろんな手法を試行錯誤することになりそうだ。

「三人寄れば文殊の知恵」ということわざがあるが、僕らの場合は3人どころか20人超のメンバーがいて、おまけにそれぞれが何らかのジャンルのプロである。うまく知恵を寄せ合えば、そのうち文殊（知恵を司る菩薩のこと）もびっくりの成果が生まれるかもしれない。ぜひ『ビビビ。』の今後の取り組みに注目してほしい。

＊

さて、本書では商売の素人であるアラフィフ男が、ノリと勢い、そしていくらかの情熱を持ってひとつの店舗を立ち上げるようすを、できるだけ実態に沿って書き連ねてきた。

飲食店の開業は、ひとえにテナントとの出会いがすべてという側面もあるから、僕らのラッキーな顚末には参考にならない部分も多いかもしれない。しかしその半面、パラレルワーカーの起用で人材難を回避したり、イベントを仕掛けてファンダム形成を図ったり、僕らなりの工夫のなかにはきっとヒントもあるはずだ。

そしてそれは、人生にあらたな彩りと選択肢を加えるためのヒントでもある。

僕自身、まさか自分が50歳になるころに、こうしてふたつの異なる仕事を並行させているとは夢にも思っていなかった。というよりも、終身雇用があたりまえだった僕らの世代にとって、「働く」とはこんなに自由なものではなかったのだ。

ところが令和の時代を迎えたいま、ビジネスパーソンは服装も髪型もわりと自由にやっているし、出勤せず自宅で働くリモートワークも定着した。さらに企業は副業にも寛容で……と、気がつけば平成のころにはとても考えられなかったことが起きている。

皆が皆、それほど自由にやっているわけではないことも理解しているけれど、もしいまの時代に社会へ出ていたなら、僕はフリーライターなどめざさなかったかもしれない。会社員をやりながらでも、安全圏からいろんなチャレンジが可能なのだから。もちろん、それでも独立や起業に一定のリスクは付き物だ。だからこそ、一生物の勝負をする必要はない。せっかくこれほど自由度の高い時代に生きているのだから、やれる範囲の可能性を探ってみるほうが有意義なのではないだろうか。

その〝やれる範囲〟というのが僕の場合はダブルワークを維持することであり、欲張らずに8坪の小さなスペースでビールを売ることだったわけだ。

要は、チャレンジのハードルをいかに下げるかが人生の選択肢を増やすコツなのだ。

そして何よりも伝えたいのは、このチャレンジがいかに楽しく、また尊い体験であるかということ。これも、相棒の日比谷尚武をはじめ、いつも『ビビビ。』をサポートしてくれるメンバーがいればこそであると最後に言っておきたい。

『ビビビ。』はまだ生まれたばかりの小さな店舗であり、泣きたくなるような商売の厳しさもしっかり味わわされている。それでも、0からあらたな1を生み出すことができた経験は、これから50代を生きる僕に大きな自信をあたえてくれた。

そんな僕にとっての次のチャレンジは何かといえば、この『ビビビ。』をさらに大きく育てること。

これに尽きる。


では、こうして本書を手にしているみなさんのチャレンジとは何だろう？

肩肘を張る必要はまったくない。

安全圏から無理なく、そしてやれる範囲の延長線上にある〝何か〟をぜひ模索してみてほしい。あなたが何歳であれ、きっとそれはロマンのある作業にちがいない。

願わくは、本書と『ビビビ。』がその道標になれたら幸いだ。

2025年3月

友清 哲

厳選クラフトビール醸造所《ブルワリー》リスト

※『ビビビ。』で2025年2月現在までにタップオンした醸造所をご紹介します（50音順）。

ブルワリー（場所）	来歴・特色
AKARI BREWING（鳥取）	鳥取市から車で30分の鹿野町で2018年5月に誕生。地域起こし団体「あかり本願衆」が若者流出防止と産業創出のため設立。OEMから始まり、現在は地元素材を活かした個性的なビールを醸造。「町にあかりを灯そう」の理念で地域貢献に尽力する。
AGARIHAMA BREWERY（沖縄）	2023年8月に東浜に誕生。株式会社YUKAZEが与那原町の振興のため設立し、サトウキビやパイナップルを使った沖縄らしいビールを製造するほか、モリンガ入りペールエールなど意欲的な醸造に挑戦している。
あくら（秋田）	秋田市の造り酒屋由来の老舗ブルワリー。「a蔵」が名前の由来。JR秋田駅徒歩15分の好立地で1Fが醸造所、2Fは飲食バル。秋田吟醸ビール、古代米アンバー等の地域素材活用商品が特徴。2022年7月より地元バスケチーム運営会社が事業継承。
アンドビール（東京・高円寺）	2018年創業の夫婦で営むブルワリー兼スパイスカレー店。元IT・コンサル勤務の安藤祐理子氏が醸造担当、夫がカレー担当。人気で醸造所が手狭になり、山梨県勝沼市にも拠点を拡大。店名にはビールの他にも多様な美味を提供する「&」の意味も。
Yellow Beer Works（福島）	脱サラ後に農業を始めた加藤夫妻が、震災後に大麦・ホップの栽培を経て2020年に自家醸造を開始。22年には福島駅近くにビアスタンドもオープンし、自社栽培の原料を活かしたジューシーなアメリカンスタイルのビールが話題に。
イサナブルーイング（東京・昭島）	『ビビビ。』創業時に記念ビール「シトラス珈琲ペールエール」を製造した醸造所。オーナーの千田恭弘氏は元航空宇宙関連エンジニアで「はやぶさ」のセンサー開発に携わった経歴の持ち主。昭島市を選んだのは丹沢水系の良質な深層地下水が理由だ。
一乗寺ブリュワリー（京都）	精神科医の高木俊介氏が、精神障害者の社会復帰支援と雇用創出を目的に京都市左京区で創業。クラフトビールブームを先見した中京区の「ICHI-YA」も好評。現在は「京都産原料100%ビールプロジェクト」に参画し、地域に根ざした醸造に取り組む。
石見麦酒（島根）	2015年創業のマイクロブルワリー。ブルワーの山口厳雄氏はポリ袋と冷蔵庫で発酵タンクを代用する「石見式」醸造法を考案、低コストでの開業を可能にした日本クラフトビール界の立役者。地域農産物を活用したビールで地方創生に取り組む。
Inkhorn Brewing（東京・目白）	2021年創業。動物骨製インク壺にちなんだ名前の人気ブランド。中出駿氏は米国留学経験を活かし「クリアなビール」づくりを得意とし、「NEON PILS」などアロマティックな商品を展開。リリースされるビールはいずれも即完売する人気ぶり。
IN THA DOOR BREWING（兵庫）	2015年創業の神戸の醸造所。地域密着をコンセプトに「神戸ウォーター」と呼ばれる布引の天然水を100%使用したビールづくりを続ける。やや硬めの水質がキレの良さを生み出している。地元農家との連携や醸造後の麦芽かすを再利用する取り組みも。
牛久醸造場（茨城）	歴史的ワイナリー「牛久シャトー」元醸造担当の角井智行氏が2020年に設立。ビール醸造とブドウ栽培を並行しておこない、100年以上続いた地域のワイン文化を守りながら、地元に愛される「場」として発展を続ける。
open air（兵庫）	2022年に神戸市の小学校跡地「NATURE STUDIO」内に開業したブルワリー。米国ポートランド出身のベン・エムリック氏が地元素材を活かした高品質なビールを醸造。隣接するフードホールや元町のタップルームで提供している。

ブルワリー(場所)	来歴・特色
大三島ブリュワリー(愛媛)	愛媛県最大の離島で2018年に創業。ブルワーの高橋享平氏夫妻は移住組で、古民家を改装して醸造所に。ビール醸造に適した環境と観光ポテンシャルを活かし、島のクラフトビール文化を育んでいる。大山祇神社至近の立地。
オーロイブルーイング(香川)	高松市にて渡辺仁史氏が2022年に創業したファントムブルワリー。複数のブルワリーで経験を積み、23年に高松市内にタップルームをオープン。24年6月には高松でビアフェスも主催。「オーロイ」は香川方言で「恵みの雨」を意味する。
オビナブルーイング(山梨)	甲府市の山中にて2022年に誕生。米国ポートランド出身の大学教授デイブ氏が、古いアトリエを自ら改装してブルーパブを設立。20種以上の自家栽培ホップと昇仙峡湧水を使用。市内に新しいタップルームもオープンした。
オリゼーブルーイング(和歌山)	ブルワーの木下伸之氏は、世界初の「麹ビール」を開発。醤油・清酒製造の経験から、麹だけで発泡酒を製造する。2019年創業で、甘酒製造時の廃棄物活用から着想。醤油・味噌業界のあらたな収益源としての普及が期待される。
鍵屋醸造所(神奈川)	鍵屋醸造所の佐藤学氏は元バンドマン。イギリスで4年間音楽活動後、帰国。パニーニショップの成功を経て、英国パブ文化に影響を受けクラフトビールに参入した。川崎の醸造所を引き継ぎ、現在は新工場も増設している。
ガハハビール(東京・東陽町)	東陽町駅近くの団地内にあり、2017年に江東区初の醸造免許を取得。オーナーの馬場哲生氏は映画監督から調理師に転身した異色の経歴。立地選びは低コストと更新料なしが決め手。気軽に楽しめるビールを提供するというコンセプトを体現している。
カンパイ!ブルーイング(東京・江戸川橋)	オーナーブルワーの荒井祥郎氏は元都市開発の専門家で、ドイツ留学中に醸造所が社交場として機能する文化に魅了され転身。「吉祥坂IPA」「のぞき坂ケルシュ」など東京の坂にちなんだ名前のビールを製造する"坂道系"ブルワリー。
久福ブルーイング本島(香川)	瀬戸内海の人口約250人の離島、本島で2022年に誕生。旅行会社に勤めていた久保田宏平氏と妻の真凡さんが運営し、坂出市の自宅から船で30分の「近距離2拠点生活」を実践。瀬戸内の産品を活かした瓶内二次発酵ビールは高い評価を受けている。
CRAFT BANK(京都)	2022年に福知山市の銀行跡地に誕生したブルワリー。銀行の特徴を活かした空間デザインが魅力で、レストランスペースは地域の憩いのスポットに。洗練されたブランディングと高品質なビールで人気を集め、地域活性化の拠点としても機能している。
GRAND LINE BREWING(神奈川)	横須賀市の三笠公園近くで2023年秋にオープン。Webマーケ企業運営の週末営業ブルーパブ。BLACK TIDE出身ブルワーによる高品質な10種類のビールを提供し、オンラインコミュニティやNFTであらたなクラフトビール文化の発信に取り組む。
コタマブルワリー(群馬)	高崎市で2024年初頭にオープン。複数のブルワリーで経験を積んだ武藤良輔氏が、妻の故郷で独立。高崎駅から徒歩20分の木目調の空間で、クラシカルな作風のビールが人気。店名は地域の愛猫から命名された。
サンクトガーレン(神奈川)	1994年の酒税法改正で最低製造量が2000キロリットルから60キロリットルに緩和され、日本のクラフトビール市場が誕生。この改正を後押ししたのがブルワーの岩本伸久氏で、日本のクラフトビール界の元祖とされる人気ブルワリー。
品川縣ビール(東京・品川)	日本のビール発祥は横浜とされるが、同時期に品川でも工場が設立されていた。当時の品川縣知事が土佐藩下屋敷跡に建設したが、経営難で閉鎖。この史実をもとに地元商店街が2006年に復活させたOEMブランド。

ブルワリー（場所）	来歴・特色
士別サムライブルワリー（北海道）	2022年初春に士別市で誕生。福岡出身の薗田聡司氏が醸造を担当し、豪雪地帯の厳しい環境でも高品質なビールを生産。運営元の志BETSホールディングスはプロ野球チーム「士別サムライブレイズ」も運営。道内を中心にファンを増やしている。
シンキチ醸造所（群馬）	発酵の達人で和食の職人・堀澤宏之氏が2017年に高崎市で創業。「和食に合うビール」を追求し、熱燗の後にも楽しめる和の味わいを実現。群馬県産果実のフルーツエールや切り干し大根風味などの独創的なビールが人気となった。
3TREE BREWERY（大阪）	2021年オープンの北摂初ブルーパブ。夫妻が運営する小規模醸造所で、1Fが醸造所、2Fが飲食スペース。100Lタンク3基の小規模生産ながら人気上昇中。元「鬼伝説」勤務の森凌平氏が醸造し、ペールエールとセゾンをフラッグシップに据える。
SETOUCHI（香川）	高松市の醸造設備ショールーム的ブルワリー。運営は米国ビール・醸造設備輸入の「ファーマーズ」で、仕込みの半数以上が他社OEM。元薬剤師の土居晃平氏がヘッドブルワーを務め、「オーロイブルーイング」もこちらの設備を利用している。
高島ブルワリー（滋賀）	高島市で2023年から醸造開始。運営はデニム製造・宿泊事業を展開する京都の株式会社ラシーヌ。「針江の生水」と呼ばれる豊かな湧水を活かし、京都本社1Fには公式タップルームをオープン。不純物の少ない水質で仕込むまろやかなビールが人気。
タルマーリー（鳥取）	千葉で自家製酵母パン屋として創業し、2015年に鳥取県智頭町へ。渡邉格・麻里子さん夫妻が運営し、国内初の野生酵母だけで醸造するブルワリーとして注目を集める。東京出身のふたりが自然豊かな環境で発酵文化の新境地を切り開く。
秩父麦酒（埼玉）	2017年に秩父市で創業。元土木技師の丹広大氏が、医師の妻・祐夏さんと共同代表を務める。地元酒蔵に眠る古い醸造設備を活用し、イチローズモルトの樽熟成ビールなど地域特性を活かした商品開発で秩父の地域活性化に貢献している。
DD4D BREWING（愛媛）	アパレルショップが2019年に松山市で始めたブルワリー。服とビールを同時販売する独自スタイルで創業わずか2年で新工場設立、海外輸出も実現。「常識にとらわれない」その哲学は、ビール缶に小説を掲載する「ラベル小説」などを生み出している。
Distant Shores Brewing（東京・東村山）	醸造所名は「遙かな岸」を意味し、ビールが世界に広がる旅路を表現。2017年東村山市に創業。コンピューター管理で高品質なビールを醸造。週末はテラススペースにキッチンカーの出店もあり、住民の憩いの場となっている。
TOYS BREWERY（愛知）	豊橋駅近くの水上ビルで2021年オープン。代表の小野圭太氏は岡崎のカフェ閉店後ソムリエを経てクラフトビールの道へ。Y.MARKET BREWINGで修業し、豊橋の名を冠した醸造所を立ち上げ、「とりあえずビール」の常識を変える挑戦を続ける。
t0ki brewery（新潟・佐渡島）	佐渡島の両津地区で、2021年に誕生。システム開発企業CTOの藤原敬弘氏が立ち上げ、「定番スタイルをつくらない方針」で一期一会のビールを醸造。トキの名と「そのとき」のダブルミーニングを込め、新潟市と佐渡の二拠点生活で活動している。
呑象ブリューイング（香川）	パソナグループと琴平町商工会が空き店舗対策で2023年6月に設立。金刀比羅宮参道近くの元陶器店をリノベーションしたブルーパブ。地域コミュニティのハブとして機能し、クラフトビールを起点とした街づくりの貴重な事例。
長濱浪漫ビール（滋賀）	1996年創業の老舗クラフトブルワリー。古い米蔵を改装したブルーパブでは近江牛とのペアリングが楽しめる。約10種類のモルトを使用した本格的なビールを製造し、親会社のリカーマウンテン（大手酒販店）の販路を活かしている。

ブルワリー（場所）	来歴・特色
26Kブルワリー（東京・武蔵境）	JR中央線高架下のわずか3坪で営業する日本最小のブルワリー。武蔵境産トウガラシを使用したレッドエール「Mr.SAKAI」など地域素材を活かしたビールを醸造し、「中央線ビールフェスティバル」の仕掛け人でもある。
NORTH ISLAND BEER（北海道）	2002年創業の北海道発クラフトビールブランド。江別産の小麦の特性を活かしたヴァイツェンビールをはじめ、パクチーを使った「コリアンダーブラック」やピルスナーなど多様なスタイルを展開。北海道クラフトビール界の草分け的存在。
Nobara Homes tead Brewery（長野）	東京から青木村に移住した中村夫妻が2022年に創業。1800坪の敷地と築150年の古民家を拠点に、野草を活かしたビールづくりに挑戦。新興ながら美しい酒質で注目を集める。敷地内に果樹を植え、自家製の原材料でビールをつくる構想も。
ノムクラフト（和歌山）	2019年、有田川町で創業。水質と柑橘類の産地という環境を活かし、人口減少に悩む町の旧保育所を醸造所に改築。地元産品を使ったビールで全国的な人気ブランドとなり、地域活性化に貢献している。
Nomodachi（兵庫）	神戸発のファントムブルワリー。ポートランド出身の実力派ブルワー、ベン・エムリック氏が手掛け、精霊をモチーフにした独特の世界観と高品質なビールが特徴。専門店でしか味わえない貴重なブランド。
BAK（大阪）	元広告営業の川本祐嗣氏が、居酒屋店主の仕事への情熱に感銘を受け独立。名称は「Brewing and Kindling」の略で、人々を引き込むおもしろいビールづくりをめざす。チョコミント風味の「13」や「苦苺」など独創的な商品が存在感を放つ。
バタフライブルワリー（愛知）	フルート奏者の妻を亡くした入谷公博氏が、春日井市で2022年に創業。「ギター」「ヴィオラ」「フルート」など楽器名を冠したビールを醸造し、併設コンサートスペースで月1～2回音楽イベントを開催。「音楽とビールを楽しむ空間」という夢を実現する。
反射炉ビヤ（静岡）	世界遺産・韮山反射炉に隣接するブルワリー。明治時代まで造り酒屋だった敷地で、地域の歴史的人物名を冠した「太郎左衛門」「早雲」「頼朝」などを醸造。首都圏でも高い評価を得ており、「反射炉という言葉をビールで初めて知った」という来訪者も。
Be Easy Brewing（青森）	創業者のギャレス・バーンズ氏は元米空軍爆弾処理班。三沢基地勤務が縁で退役後も青森に残り、英会話講師や津軽三味線奏者を経て、日本のビールに魅せられ弘前市で醸造を開始。現在は全国で人気の銘柄に成長している。
Beer Vista Brewery（東京・清澄白河）	2023年夏に森下・清澄白河エリアに誕生した、元製本所をリノベーションした醸造所。バーテンダーから転身した古里大輔氏が、IPAやペールエールなど多彩なビールを提供し、スタイリッシュな空間で多くのファンを魅了している。
美深白樺ブルワリー（北海道）	道北の美深町にて2019年創業の日本最北端ブルワリー。アイヌ語「piwka（石の多い場所）」に由来する地名の町で、白樺の樹液を副原料に使用した独自のビールを製造。本文にも登場する高橋克尚氏は退職したが、引き続き『ビビビ。』とも縁が深い。
PIRONO BEER（福島）	2024年6月に開業した、郡山市初のマイクロブルワリー。100年前に使われていた石造りの蔵をリフォームしたブルーパブは雰囲気も抜群。PIRONOはブルワー・佐藤孝洋氏のニックネームに由来する屋号。
BRIGHT BLUE BREWING（山梨）	富士山麓の富士吉田市で2021年1月に誕生したブルワリー。製氷会社跡地で富士山伏流水使用のビールを醸造。ソムリエ兼ビアジャーナリストの菊地望氏が運営。「富士吉田ホップのまちプロジェクト」で休耕地活用し地域活性化をめざす。

ブルワリー（場所）	来歴・特色
Primary Barrels（京都）	福知山市の旧小学校を再利用した「THE 610 BASE」内に2024年春、クラフトビール醸造所が誕生。校長室を改装した醸造所では、ブルワーの大西裕基氏が地元農家と連携し、大麦・ホップ栽培も開始している。
ベアード ブルーイング（静岡）	2000年、沼津市で創業。「Celebrating Beer」をモットーに、ビールの伝統尊重と素材本来の良さを追求。アメリカ人夫妻が小さなタンクから始めた醸造所は、現在6000平米の施設と全国10カ所のタップルームを持つ人気ブランドに成長。
VECTOR BREWING（東京・浅草橋）	元の「Shinjuku Beer Brewing」から改称し、現在は浅草橋が拠点。ブルワー木水朋也氏は学生時代のホヤ研究から酒販営業を経て「サンクトガーレン」で修業後参画。「ねこぱんち」シリーズなど話題作を生み出す注目のブルワリー。
ヘリオス酒造（沖縄）	1961年創業の沖縄の酒造メーカー。94年の酒税法改正に合わせてビール事業を開始した。「ビールの奥深さを沖縄の人々に伝えたい」情熱が原動力。有名な「ゴーヤーDRY」は、古代のビール製法にも通じる独創的な発想から生まれた商品。
Personabrewery（山梨）	甲府市で2020年秋から醸造開始。東京出身の高橋添氏が移住先で立ち上げた駅徒歩10分のブルーパブは人気店。介護支援専門員の仕事と両立しながら、IPA、ポーター、サワーなど多彩なスタイルで醸造。生産量の限られた希少ブルワリー。
星野製作所(麦)（埼玉）	川口市の町工場内に2018年誕生。3代目になる予定だった星野幸一郎氏が「パンクIPA」に感銘を受けたのが創業のきっかけ。金型製造と共存する独特の空間で、競合の激しいIPAを避けた、独自のマーケティング戦略が目を引く。
HOPDOG BREWING（秋田）	2023年7月に創業。秋田市内人気店「あくら」の元醸造長・長谷川信氏が老舗銭湯の跡地を利用した空間で醸造をおこなう。「BEER＆CIDER」をコンセプトに、ビールとハードサイダーの両方を製造する。
本庄銀座 ブルワリー（埼玉）	伝説のブレストンエールで修業した中田翔氏が故郷・本庄市で創業。独特の硬水と米麹を全ビールに使用し、モルトの旨味を引き出しキレのある味わいを実現。100年続く老舗建具店の家系である中田氏は「次の100年続く事業」をめざしている。
松戸小金ビール（千葉）	YOUSUKE氏がプロデュースする和歌山県OEMブランド。看板商品は松戸市産「湯あがり娘」枝豆使用のペールエール。収穫期間2～3日の枝豆を急速冷凍保存。子どもの故郷を豊かにしたいとの思いから、北小金エリアの振興に一役買う。
祭醸造（千葉）	2021年6月オープン。神輿の産地・行徳にちなんだ命名で「ハレの日づくり」がコンセプト。広告代理店勤務の伊藤源一氏がパラレルワークで運営し、「祭坂セゾン」など縁起の良い名前のビールで人気を集めている。
みちのく福島路 ビール（福島）	福島市にある1997年創業の老舗。吾妻連峰の伏流水と輸入原料で本格的なビールを醸造。フラッグシップのピルスナーは濃密なコクが特徴。JR福島駅から車で30分、家族経営で吉田博子さんの明るい接客も人気。地元果実を使った開発にも積極的だ。
ミツメビール（神奈川）	「OIMA CORNER」を前身に2023年横浜市都筑区でリスタート。醸造所にはタップルームも併設され、ラガー、IPA、ポーターなどさまざまなスタイルを提供。生産量が少ない知る人ぞ知るブランドだが、ブルワー及川氏の腕前は評価が高い。
宮下酒造（岡山）	1915年創業の酒蔵が、95年からクラフトビール「独歩」を醸造。100年以上の歴史を持ち、現在は日本酒、焼酎、ジン、ウイスキーなど多様な酒類を製造。ヘッドブルワー伊藤氏は「タンクごとに微妙に味が変わる酒づくりのおもしろさ」を語る。

ブルワリー（場所）	来歴・特色
ミヤタビール（東京・押上）	2014年開業の都市型ブルワリー。元ラーメン店の跡地で週末営業し、ブルワーみずからがフレッシュなビールを提供。宮田昭彦氏はIPAなど定番スタイルに加え、ビール酵母で醸す香り豊かなシードル、ワイン、ブランデーまで手掛ける。
門司港地ビール工房（福岡）	1998年に創業し2020年に閉鎖後、小倉で移転再開。外観はポップに変わったが、ドイツ産麦芽を使ったピルスナーやヴァイツェンなどクラシカルな作風は健在。地元フルーツも活用し、北九州のモダンレトロな魅力を体現する老舗ブルワリー。
結城麦酒（茨城）	ブルワーの塚越敏典氏は、中学校校長から転身した変わり種。定年後、地元・結城市に新名産を創出すべく創業した。地元産トウモロコシを使った「ゆうきみらいALE」など、地産食材を活用したビールづくりに挑む。
ゆめが丘サンデーブルーイング（神奈川）	2024年、横浜市泉区のショッピングモール「ソラトス」内にオープン。26Kブルワリーの見木久夫氏が手掛け、隣接するベーカリーでは醸造過程の麦芽かすを活用したアップサイクルに取り組む。開発が進む地域のあらたなランドマークに。
横浜ビール（神奈川）	マイクロブルワリーの集積地・横浜で1994年に創業。パブ「驛の食卓」を拠点に伝統的スタイルと地域連携ビールを提供。「ビアバイク」「ビアランニング」など独自イベントでクラフトビール文化を盛り上げ、日本ビール発祥の地の伝統を継承する。
横浜ベイブルーイング（神奈川）	2011年、横浜ビール元醸造長の鈴木真也氏が関内で創業。チェコのコンペでアジア初の金賞を獲得したピルスナーで有名。2015年に戸塚区に新工場を設立し、横浜DeNAベイスターズの「BAYSTARS ALE」も手掛けている。
RIOT BEER（東京・祖師ヶ谷大蔵）	世田谷区で2018年に創業。RIOTとは「暴動」や「おもしろい」を意味する店名で、イングリッシュスタイルにアメリカンホップを組み合わせた独自のビールが人気。祖師ヶ谷大蔵駅近くで営業中。
ロトブルワリー（神奈川）	横浜・上大岡にてクラフトビールを醸造するラーメン店として開業。創業者の麻生達也氏は33歳で司法試験を断念し飲食業へ転身。「ロト」「天空」などドラクエ由来の店名が特徴で、斬新な発想で人気店を次々と生み出している。
Y.MARKET BREWING（愛知）	ヘッドブルワーの加地真人氏はカナダ留学でエールビールに感銘を受け、長野での醸造経験を経て「岡田屋」のブルワリー計画に参加。2014年の創業後すぐに生産が追いつかなくなり、19年には缶ビール市場を狙った新工場を設立。

友清 哲（ともきよ・さとし）

1974年、神奈川県横浜市出身。クラフトビアバー『ビビビ。』代表。フリーライター兼編集者。ルポルタージュを中心に幅広く活動するかたわら、酒好きが高じて飲食店経営に着手。2023年9月、取材で構築したネットワークを活かして、全国のマイクロブルワリーが醸したクラフトビールを提供する8坪のビアバーを代官山に開店。著書に『日本クラフトビール紀行』『物語で知る日本酒と酒蔵』（共にイースト新書Q）、『横濱麦酒物語』（有隣堂）、『ルポ“霊能者”に会いに行く』『一度は行きたい「戦争遺跡」』（共にPHP研究所）ほか多数。

クラフトビールのお店《みせ》、はじめました。

2025年5月5日　第1版第1刷　発行

著　者　友清 哲
発行者　株式会社亜紀書房
〒101-0051　東京都千代田区神田神保町 1-32
電　話　03-5280-0261（代表）
03-5280-0269（編集）
https://www.akishobo.com

企画編集　高橋 修（株式会社バーネット）
装　丁　krran（西垂水敦、内田裕乃）
装　画　米村知倫
図表制作　原田弘和
DTP　山口良二

印刷・製本　株式会社トライ
https://www.try-sky.com

Printed in Japan　ISBN978-4-7505-1871-8